UNA PROXIMIDAD A LA PSICOLOGÍA COMUNITARIA

Lucrecia Uranga

I. Intervención a la comunidad a través de talleres teóricos-prácticos

DEDICATORIA

A todo aquel que se atreve a iluminar y guiar el sendero de los demás.

PRÓLOGO

Una Proximidad a la Psicología Comunitaria es un libro generado por las experiencias vividas por la autora a partir de la asignatura Intervención y Tratamiento Psicológico en la Comunidad.

Esta literatura es su primera publicación. En ella se destaca un ensayo y diversos talleres teóricos-prácticos ejecutados en la intervención de la comunidad con base en el altruismo y "La Psicología del Éxito". Yagosesky Renny, teoría que se toma después del análisis de los resultados. Por lo cual, se dio, a través de un informe en el que se refleja un fragmento de la reseña histórica y realidad presente en el caserío La Aguada-Palavecino-Lara.

El ejemplar aspira a ser de apoyo a los estudiantes de psicología, así como para todas aquellas personas agentes de cambio interesadas en solucionar problemas o dificultades al obtener transformaciones en el contexto comunitario, desde una postura humanista, integral e investigativa. Pero, sobre todo, en alentarlos a ahondar, entender y comprender al grupo que está en estudio.

CONTENIDO

Lista de Gráficos

Gráficos   **pp.**

Tablas   **pp.**

AGRADECIMIENTOS

Ante todo, a Dios.

A mi familia.

En particular:

A la Universidad Yacambú.

A las personas de La Aguada.

¡Gracias!

INTRODUCCIÓN

El presente libro analiza una proximidad a la psicología comunitaria a la luz de la investigación. Expone un informe en donde se evidencian las pautas a seguir en un contexto real, mostrando su implicación social, cultural, económica y organizacional.

Si bien la perspectiva es psicológica, se revisaron diversos materiales bibliográficos y los aportes de otras disciplinas, tales como la sociología y la administración, relacionados con la temática a exhibir.

Algunos de los temas presentados son los previos: La psicología comunitaria. El rol del psicólogo comunitario. La entrevista psicológica. La psicoterapia social-grupal y comunitaria. Las fases, los planes de intervención y de acción.

Del mismo modo, se contempla la parte legal y teórica, donde se mantiene la necesidad de un profesional; en este punto, el psicólogo debe transformar su realidad de estar sensibilizado al apoyo social y con una conducta altruista, orientada a detectar las diversas necesidades y ejecutar intervención preventiva oportuna al caso.

La psicología comunitaria es una rama del área psicológica cuyo propósito es la indagación de los distintos componentes psicosociales que permitan orientar, guiar, desenvolver y fomentar, especialmente en corregir problemas al conseguir transformaciones en esos ámbitos y en mejorar los recursos. En tal sentido, Montero (2004) opina que está encauzado hacia la transformación social y personal, eficiente, participativa, provisoria y productor de una práctica que, al intervenir, ocasiona secuelas precisas y deliberación teórica.

Con relación al rol de los psicólogos comunitarios, estos son agentes de cambio unidos a la localización de potencialidades, al fortalecimiento y la puesta en práctica de estas y a la inversión en los procederes de interpretar, construir e influir en la realidad de una comunidad. Por tanto, Montero (op. cit.) distingue los roles atribuidos y las prácticas específicas propias a cada uno de ellos, destacándose: ecología, consulta, desarrollo político, intervención y apoyo psicosocial, concientización, defensa social, democratización, investigación y producción de conocimiento, promoción de valores, bienestar y liberación, evaluación y terapia.

Además, el especialista, entre otras tácticas, utiliza las psicoterapias social-grupal y comunitarias, sin distinción del modelo teórico en el cual se apoyan. Inician la evaluación y formulación o conceptualización clínica del problema o problemas que muestra la familia o grupo, tal pauta de la estrategia psicoterapéutica. En este particular, en el Consejo General de Colegios Oficiales de Psicólogos (2013) predominan los consecuentes procedimientos, técnicas e instrumentos: Intervención individual, grupal y terapia familiar, técnicas de mediación, técnicas de evaluación e intervención ambiental y técnicas de investigación social.

En lo referido a la intervención comunitaria, Lapalma (2001) expresa que a través de elementos interactivos destinados al progreso de recursos de una comunidad: "… al desarrollo de organizaciones comunitarias autónomas, a la modificación de las representaciones de su rol en la sociedad y sobre el valor de sus propias acciones para ser activo en la modificación de las condiciones que las marginan y excluyen". (Chinkes, Lapalma, Niscemboin, 1995). (p. 62).

Es indiscutible entonces que se amerite de una organización comunitaria que, en la actualidad, esta se lleva por mediación de lo denominado Consejo Comunal, que sea más participativa, diversa, autónoma, que promueva los valores de la tolerancia, la corresponsabilidad, la convivencia, la solidaridad, la cooperación, etcétera. De manera tal que sea adecuada con el propósito de convivir en una sociedad activa, cambiante y consciente de la realidad que se vive.

Dicho esto, las tensiones que anidan en este tiempo en la comunidad son expresión de las transformaciones sociales y de las nuevas exigencias que se plantean en la formación de las recientes agrupaciones benéficas. A saber, de que los retos a los que se afrontan en esta época son la falta de valores, los cambios de la familia, la creciente crisis social y económica que están existiendo en el país y que afectan la actuación de los partícipes del

Consejo Comunal Cooperativa La Aguada. LA020224 R. L.

De ahí que las participantes de este estudio pertenezcan al ámbito del Comité Local de Abastecimiento y Producción (C.L.A.P.), observándose que, de modo constante, hay careos entre ellos y los habitantes de la comunidad, estos últimos mostrando, por un lado, altos niveles de impulsividad y agresividad al punto de defender su enfoque.

Por otra parte, se observa una actitud de desinterés hacia los asuntos concernientes con la labor social, lo que genera desánimo, desmotivación e intolerancia entre las integrantes. Esta situación propicia espacios de confrontamiento personal y actitudes autoritarias, especialmente durante los intentos fallidos de coordinar las reuniones para la recolección de datos necesarios en los censos de los planes o programas a ejecutar. En fin, estas dificultades se deben, en gran medida, a la falta de experiencia en determinadas áreas de la organización.

Sin embargo, son a veces los del C.L.A.P., los que critican a los habitantes de la comunidad por la falta de sentido de pertenencia o por la poca asistencia a la asamblea general. Tornándose duros en ciertos casos y en otros, se vuelven exigentes que confunden a la gente en el instante de solicitar los recaudos y datos, lo que ocasiona la pérdida de los programas y planes sociales.

Cabe resaltar el empobrecimiento de los habitantes de

la comunidad por la crisis económica que existe en el país; la desnutrición; las inundaciones por desvíos de las aguas de lluvias que vienen de la zona industrial de Palavecino; el poco liderazgo; la renuncia de ciertos colaboradores de la estructura C.L.A.P. Son situaciones críticas que debe afrontar a menudo, contribuyendo estas a que las relaciones, tanto organizativas como personales, sean cada vez más dificultosas.

Empero, estos problemas emocionales son una realidad mundial con tendencia a seguir aumentando, por lo que esto lleva a la búsqueda de soluciones y afrontamientos saludables. En este marco, se inserta la "Psicología del Éxito", que estimula a descubrir y maniobrar las pericias y actitudes que cada individuo tiene para ir más allá de la necesidad, escasez y pobreza, fortaleciendo de esa manera sus habilidades y capacidades imprescindibles con objeto de lograr el éxito.

En virtud de ello, esta teoría se desarrolló en los planes de intervención en los que se plasmaron las actividades, estrategias, técnicas y otros, que ayudarán a fortalecer la motivación, el sentido de pertenencia, el liderazgo y la tolerancia. Desde luego, con una postura de altruismo, dando apoyo a los demás de condición voluntaria e intencional, sin demandar nada a cambio, que para Baron y Byrne (op. cit.) "La empatía y la motivación altruista están asociadas con otras características positivas, como sensación de bienestar, motivación al logro, sociabilidad y un estado emocional positivo…" (p. 422).

En atención a lo cual, se diseñaron los planes de intervención que fortalezcan la motivación, el sentido de pertenencia, el liderazgo y la tolerancia, dirigidos a los miembros de la Comunidad de La Aguada – Municipio Palavecino - Estado Lara, conllevando organizar la investigación del sucesivo modo:

- Ensayo sobre la psicología comunitaria y el rol del psicólogo comunitario: Base legal y revisión teórica.

- Informe de intervención comunitaria comenzando:

  a) Antecedentes relevantes de la comunidad local: Reseña histórica. Organizaciones y grupos sociales. Ubicación y forma de ingreso. La Aguada. Caracterización. Objetivos. Principios. Misión. Visión y descripción de la problemática.

  b) Identificación de los beneficiarios: Identificación de los beneficiarios indirectos.

  c) Instrumento de recolección de datos.

  d) Análisis de datos.

  e) Diagnóstico de necesidades.

  f) Objetivos propuestos: Generales y específicos.

  g) Justificación.

- Planes de intervención: Plan de acción

- Resultados
- Conclusiones
- Sugerencias
- Reflexiones
- Glosario
- Referencias y Anexos.

"Tener éxitos es darnos cuenta de lo mucho que podemos hacer cada día, y hacerlo con buenas intenciones, lo más alineado que podamos con el Plan de Dios".

Renny Yagosesky

ENSAYO SOBRE LA PSICOLOGÍA COMUNITARIA Y EL ROL DEL PSICÓLOGO COMUNITARIO

La intencionalidad de este estudio fue indagar en la Psicología Comunitaria y el rol del psicólogo comunitario, para lo cual se revisaron diversos materiales bibliográficos en referencia con el tema a presentar, con el objetivo de explicar, describir y argumentar el mismo con la ayuda de las consecutivas interrogaciones:

¿Qué es la psicología comunitaria? ¿Y cuál es el rol del psicólogo comunitario? A estas se suman otras interrogantes claves como: ¿Cuál es el objeto de una evaluación psicológica?, ¿Cómo es una entrevista psicológica?, ¿Qué es la psicoterapia social-grupal y comunitaria?, ¿Qué implica una intervención?, ¿En qué consiste una intervención comunitaria y cuántas fases comprende?, así como: ¿Qué aborda la psicología social?

En lo concerniente a la cuestión: ¿Qué es la psicología comunitaria? En este aspecto, Montero (2004) dice que imprimen "su carácter orientado hacia la transformación social y personal, dinámico, contextualizado, participativo, político, preventivo, generador de una praxis que al intervenir produce resultados concretos y reflexión teórica, consciente de la diversidad de carácter temporal y espacial proveniente del relativismo cultural". (p. 39). En específico, esta tiene como objetivo el estudio de los diversos factores psicosociales que permitan orientar, guiar, desarrollar, fomentar y, de proceder primordial, lograr solucionar inconvenientes, obtener cambios en esos contextos y optimizar los recursos.

Con respecto a: ¿Cuál es el rol del psicólogo comunitario? Para Montero (op. cit.) recalca:

-… agente de cambio ligado a la detección de potencialidades (recursos, capacidades), al fortalecimiento y la puesta en práctica de las mismas y al cambio en los modos de interpretar, construir e influir sobre la realidad…
-… catalizador o facilitador o propulsor del cambio social… Al cual debe sumársele su carácter de educador (en sentido amplio) y de interventor en situaciones o procesos de interés comunitario…
-… ejercen una conjunción de roles, …, al conjugar la intervención, la enseñanza interactiva, la investigación y la evaluación… (p. 81 y 82).

Al mismo tiempo, en el Consejo General de Colegios Oficiales de Psicólogos (2013) resaltan los roles o competencias, iniciando con:

Competencias Primarias:

A Especificación de necesidades:

Competencia A1: "Análisis de necesidades"

Competencia A2: "Establecimiento de objetivos"

B Evaluación:

Competencia B1: "Evaluación individual"

Competencia B2: "Evaluación grupal"

Competencia B3: "Evaluación organizacional"

Competencia B4: "Evaluación situacional"

C Desarrollo de productos y servicios:

Competencia C1: "Definición de servicios o productos y análisis de requisitos"

Competencia C2: "Diseño del servicio o producto"

Competencia C3: "Prueba del servicio o producto"

Competencia C4: "Evaluación del servicio o producto"

D Intervención Psicológica:

Competencia D1: "Planificación de la intervención".

Competencia D2: "Intervención directa orientada a la persona"

Competencia D3: "Intervención directa orientada a la situación"

Competencia D4: "Intervención indirecta"

Competencia D5: "Implantación de servicios o productos"

E Valoración de las intervenciones psicológicas:

Competencia E1: "Planificación de la valoración"

Competencia E2: "Medida de la valoración"

Competencia E3: "Análisis de la valoración"

F Comunicación:

Competencia F1: Se trata de "Proporcionar retroalimentación"

Competencia F2: "Elaboración de informes"

Competencias Facilitadoras:

A Estrategia profesional

B Desarrollo profesional continuo

C Relaciones profesionales

D Investigación y desarrollo

E Marketing y ventas

F Gestión de la responsabilidad profesional

G Gestión de la práctica

H Garantía de calidad

I Auto-reflexión

Como es evidente, se concibe una diversidad de roles potenciales, que son conductas que se esperan a partir de un enfoque o postura que asume el psicólogo, que ayudará a mejorar la calidad y condiciones de vida, que los sujetos con los que se trabaje contemplen anheladas, sobrepasando los conceptos: "Pobreza"; "Necesidad"; "Carencia"; "Inconformismo"; "Inadaptación" y los demás.

Pues bien, entre los roles que son atribuidos al psicólogo comunitario y a la práctica específica adecuada a cada uno, aparte de los antes mencionados, se acentúa, asimismo, el trabajar con aspectos de la existencia y la interdisciplinariedad, en el que se constituye sin disgregarse, en una organización en conexión con profesionales de distintas disciplinas.

Otro punto es: ¿Cuál es el objeto de una evaluación psicológica? A juicio de González (2007), este refiere que es una disciplina de la psicología que se ocupa "de la medida de algunos aspectos del comportamiento humano: esta medición se realiza por medio de metodologías básicas entre las que se encuentran las técnicas psicométricas y las proyectivas y otros métodos como la observación, la entrevista, los autoinformes, etc." (p. 37).

Por ello, su esencia es la descripción, codificación, pronóstico y explicación de la conducta de un individuo o de un grupo determinado de seres humanos con aplicación científica y siempre por intermedio del diagnóstico, la orientación, la intervención y el tratamiento.

En referencia a: ¿Cómo es una entrevista psicológica? De acuerdo con Aragón, citado por (Morga, 2012), enfatiza que es:

Una forma de encuentro, comunicación e interacción humana de carácter interpersonal e intergrupal (esto es, dos o más de dos personas), que se establece con la finalidad, muchas veces implícita, de intercambiar experiencias e información mediante el diálogo, la expresión de puntos de vista basados en la experiencia y el razonamiento, y el planteamiento de preguntas. Tiene objetivos prefijados y conocidos, al menos por el entrevistador. (p. 11).

Entonces, es una conversación o relación interpersonal entre dos o más individuos con unos objetivos fijos, en la que uno requiere apoyo y otro se lo brinda. Dentro de los propósitos de la entrevista psicológica constan valorar, diagnosticar e investigar. Estos criterios permiten perfilar una trayectoria de trabajo con el fin de proponer diversas estrategias de intervención.

En relación con: ¿Qué es la psicoterapia social-grupal y comunitaria? En el Consejo General de Colegios Oficiales de Psicólogos (op. cit.) indican los sucesivos procedimientos, técnicas e instrumentos:

1 Intervención Individual.

2 Intervención Grupal: Son intervenciones centradas en la ayuda mutua, desarrollo de la solidaridad, participación ciudadana, competencia hacia el análisis de situaciones y tomas de decisiones que afectan a un colectivo, habilidades de trabajo en equipo, etcétera.

- Escuelas de padres y madres

- Grupos de autoayuda

- Talleres de autonomía personal y aprendizaje de habilidades específicas

- Sesiones grupales en programas terapéuticos para usuarios y familiares

- Talleres de animación sociocultural con colectivos específicos

- Intervenciones con profesionales en optimización de habilidades laborales y prevención del burnout

3 Intervención y Terapia Familiar.

4 Técnicas de Mediación: Utiliza herramientas específicas, y su ámbito de actuación incluye tanto los conflictos familiares como de cualquier otra índole (profesional, educación, vecinal, laboral, penitenciaria, intercultural u otras).

5 Técnicas de Evaluación e Intervención Ambiental.

6 Técnicas de Investigación Social se dan con la elaboración:

- Encuestas

- Grupos estructurados

- Paneles de discusión

- Indicadores sociales

- Inventarios de recursos multidisciplinares

- Evaluación de recursos DAFO's y otros

- Instrumentos de recogida de información grupal e individual

Es notorio que es el tratamiento de naturaleza psicológica de los trastornos emocionales, de conducta y de la personalidad del ser humano, que involucra la comunicación entre el paciente y el psicólogo, y que utiliza métodos con una base teórica, procedimientos y técnicas específicas. Las psicoterapias se dan individual, familiar y grupal, y pueden diferir en variables determinadas, tales como la frecuencia de las sesiones, la duración y otras.

En lo pertenecido con: ¿Qué implica una intervención? Es una modificación o transformación, de convertir algo a partir de la ejecución de un cúmulo de acciones de modo planeado; se efectúa con el cometido de transformar o cambiar una realidad o contexto determinado. En donde se deben aplicar diversos instrumentos, con el intento de intervenir en el curso de un hecho, fenómeno o circunstancia, en dirección a invertir su desarrollo y sus efectos.

En lo que atañe a la interrogante: ¿En qué consiste una intervención comunitaria? Según Mori (2008), es:

> … el conjunto de acciones destinadas a promover el desarrollo de una comunidad a través de la participación activa de esta en la transformación de su propia realidad. Por tanto, pretende la capacitación y el fortalecimiento de la comunidad, favoreciendo su autogestión para su propia transformación y la de su ambiente. Dando a la comunidad capacidad de decisión y de acción se favorece su fortalecimiento como espacio preventivo. (p.1).

Dicho de otra forma, la labor del profesional de psicología en el ámbito comunitario se orienta exclusivamente a promover el desarrollo de la colectividad. Esta intervención implica una serie de pautas establecidas a través de una planificación estructurada, con objetivos generales y específicos, cuya intención es facilitar los procesos de cambio o modificación social. La finalidad es acompañar a la comunidad en su rol como agente activo de transformación, apoyándola en la construcción y mejora de su propia realidad.

En lo relativo a: ¿Cuántas fases posee la intervención comunitaria? El proceso tiene varias etapas y han de ser dinámicas; de hecho, a cada miembro le corresponde ser partícipe en las mismas.

1. **Fase diagnóstica:** Esta proporciona conocer cuáles son las necesidades de la comunidad y, entonces, plantear las herramientas o técnicas con el objeto de optimizar aquellas problemáticas que se muestran.

2. **Fase de la característica del grupo:** Se deben analizar e identificar las particularidades de los actores sociales involucrados, quienes formarán los diferentes grupos de trabajo para los programas que salgan del diagnóstico de la comunidad.

3. **Fase de evaluaciones del grupo:** Esta permite efectuar una evaluación minuciosa referente al problema de la comunidad, con la ayuda de las entrevistas cualitativas.

4. **Fase de diseño y planificación de la intervención:** En esta se perfila una serie de técnicas o estrategias con la resolución de reformar la problemática o que conste una transformación en el contexto comunitario con el apoyo del diagnóstico que se formalizó antes.

5. **Fase de evaluación inicial:** Se evalúa si los colaboradores creen que es adecuada cada una de las técnicas que se trazan en el proyecto de intervención, o sea, es un tipo de retroalimentación

con el objetivo de perfeccionar las estrategias que se desarrollarán.

6. **Fase de ejecución e implementación:** En esta se ejecutan las técnicas o las estrategias a la comunidad por etapas o por sesiones de trabajo.

7. **Fase de evaluación final:** Esta intenta comprobar, de forma sistemática e imparcial, la relevancia, validez e impacto del programa de intervención, al reflejo de sus objetivos.

8. **Fase de diseminación de los resultados:** Se repite la evaluación a los participantes y si fue efectiva cada técnica, consiguiendo las secuelas finales. Si no sucede un cambio en el ámbito comunitario, se debe optimizar la proposición o la pericia o cumplir con otra pauta de técnicas con el objetivo de que tenga una mejora.

Adecuado a esto, Mori (op. cit.) manifiesta que cada una de las fases:

… de nuestro proceso de intervención comunitaria presenta objetivos (general y específico), y las técnicas que se emplearán para la obtención y análisis de los datos; en la tabla 1 podemos apreciar la propuesta de estas ocho fases y las técnicas cualitativas de recolección y análisis de datos que pueden emplearse y que permiten alcanzar la confiabilidad y validez en cada una de ellas. (p. 2).

Seguidamente, ver la Tabla 1:

Tabla 1. Fases de intervención comunitaria, técnicas cualitativas y participativas.

FASES		TÉCNICAS
1. DIAGNÓSTICO DE LA COMUNIDAD		
Etapa 1: Evaluación preliminar	•Análisis de los datos •Revisión de archivos •Mapeo y lotización •Construcción del instrumento •Aplicación de la entrevista	**1.** Técnicas cualitativas de recolección de datos: Revisión de archivos, observación, entrevista, reporte anecdótico. **2.** Técnicas cualitativas de análisis de datos: Análisis de contenido, Análisis crítico **3.** Técnicas participativas de análisis: árbol de problemas
Etapa 2: Diagnóstico participativo	• Sensibilización • Taller participativo	
2. CARACTERISTICAS DEL GRUPO		**1.** Técnicas cualitativas de recolección de datos: Revisión de archivos, Observación, entrevista, Reporte anecdótico **2.** Técnicas cualitativas de análisis de datos: Análisis de contenido, Análisis crítico
3. EVALUACIÓN DE LAS NECESIDADES DEL GRUPO		**1.** Técnicas cualitativas de recolección de datos: Observación, Reporte anecdótico **2.** Técnicas cualitativas de análisis de datos: Análisis crítico **3.** Técnicas participativas de análisis: árbol de problemas
4. DISEÑO Y PLANIFICACIÓN DE LA INTERVENCIÓN		
5. EVALUACIÓN INICIAL		**1.** Técnicas cualitativas de recolección de datos: Observación participante, entrevista, reporte anecdótico **2.** Técnicas cualitativas de análisis de datos: Análisis de contenido, análisis crítico **3.** Técnicas participativas
6. EJECUCIÓN E IMPLEMENTACIÓN		Técnicas participativas
7. EVALUACIÓN FINAL		**1.** Técnicas cualitativas de recolección de datos: Observación participante, entrevista, reporte anecdótico **2.** Técnicas cualitativas de análisis de datos: Análisis de contenido, Análisis crítico **3.** Técnicas participativas
8. DISEMINACIÓN		Técnicas participativas

Fuente: Mori, M (2008) pág. 82 y 83

Ahora bien: ¿Qué aborda la psicología social? Baron y Byrne (2005) la definen "como la disciplina científica que busca entender la naturaleza y las causas del comportamiento y del pensamiento individuales en situaciones sociales". (p. 5). En otras palabras, se trata de deducir cómo y por qué los individuos actúan, sienten y deliberan en los escenarios sociales que incluyen a otros.

Por lo tanto, es de vital importancia, a causa de que esta gira en torno a que hay procesos de índole psicológica que determinan el modo en el cual funciona la sociedad, es decir, en la evolución de su lengua, su cultura, sus costumbres y la manera en la que tiene lugar la interacción social.

Más encima, investiga las influencias generales que contribuyen a entender al ser humano o al grupo social, en qué y por qué interviene de modo distinto en situaciones o contextos diversos. Por esta causa, estudia a la sociedad como un punto intermedio entre lo colectivo y lo personal, lo grupal y lo particular.

Acorde con los procedimientos de investigación tratados por psicólogos sociales, Baron y Byrne (op. cit.) se centraron en los valores esenciales que debe acoger con el objetivo de calificar de científica. De estos valores, los más reveladores:

Exactitud: el compromiso de recoger y evaluar información acerca del mundo (incluyendo pensamiento y comportamiento sociales) de la manera que mejor garantice cuidado, precisión y estar libre de errores.

Objetividad: el compromiso de obtener y evaluar dicha información, en lo humanamente posible, libre de sesgos.

Escepticismo: el compromiso de aceptar hallazgos como precisos sólo en la medida en que hayan sido verificados una y otra vez.

Ausencia de prejuicios: el compromiso de cambiar la propia visión (por más fuertemente arraigada que esté), si las evidencias existentes sugieren que estas ideas preconcebidas no son exactas. (p. 6).

Así pues, la psicología social es una ciencia que está envuelta con estos valores, y los utiliza en un intento por concebir la naturaleza de la conducta y del pensamiento colectivo. Por este motivo, es deliberar en esta disciplina en calidad de guía científica.

Al respecto, con los métodos de investigación empleados en la psicología social, los autores plantean:

- En la observación sistemática, el comportamiento es cuidadosamente observado y registrado. En la observación naturalista, las observaciones se llevan a cabo en los contextos donde el comportamiento ocurre en forma natural.
- En el método de encuestas, un gran número de personas responde preguntas acerca de sus actitudes o comportamiento.
- En el método correlacional de investigación, se miden dos o más variables para determinar si una y

otra están relacionadas de alguna manera.

▪ La existencia de correlaciones incluso fuertes entre variables no implica que una y otra variable estén relacionadas causalmente. (p. 22).

Con la intención de interpretar las consecuencias de la investigación, los psicólogos sociales deben usar las estadísticas inferenciales. Alusivo con eso, Baron y Byrne (op. cit.) afirman que es:

… una forma especial de cálculos matemáticos que permite evaluar si el patrón de resultados tiende a deberse a la casualidad. Para determinar si los hallazgos de un estudio son en efecto verdadero — y no producto del azar—, los psicólogos ponen en marcha análisis estadísticos apropiados con los datos recogidos. Si los análisis sugieren que la probabilidad de que los resultados observados se deban al azar es baja —usualmente, en menos de 5 de 100 ocasiones—, los resultados son descritos como significativos. (p. 27).

En fin, la psicología social se centraliza en comprender el origen de la conducta y el raciocinio, en la precisión de los componentes que forman las emociones, actuación y reflexión en los contextos sociales.

Por esta razón, se aspira a desempeñar esto a través del empleo del método científico, y tomando en consideración las acciones y pensamientos sociales que están influenciados por los elementos biológicos, culturales, ambientales, cognitivos y demás. De allí que sea el soporte fundamental de las actividades comunitarias.

Base Legal

Esta investigación tiene fundamento en los instrumentos legales consecutivos:

La Constitución de la República Bolivariana de Venezuela (1999), en el Preámbulo, enuncia:

> … para establecer una sociedad democrática, participativa y protagónica, multiétnica y pluricultural en un Estado de justicia, federal y descentralizado, que consolide los valores de la libertad, la independencia, la paz, la solidaridad, el bien común, la integridad territorial, la convivencia y el imperio de la ley para esta y las futuras generaciones; asegure el derecho a la vida, al trabajo, a la cultura, a la educación, a la justicia social y a la igualdad sin discriminación ni subordinación alguna… (p. 1).

Tomando en cuenta este principio de una sociedad

democrática, participativa, la cual consolida los valores de solidaridad y bien colectivo, entre otros. En calidad de asegurarse el derecho a la vida, la justicia social y la igualdad sin discriminación, sustenta la actividad comunitaria como parte integral del quehacer del facultativo de psicología.

De igual manera, se justifica desde el punto legal con el Código de Ética Profesional del Psicólogo. En los continuos artículos:

Artículo 4: El ejercicio de la Psicología constituye una profesión eminentemente digna y humana.

Artículo 8: Son deberes éticos esenciales de la profesión del Psicólogo, la probidad, la independencia, la generosidad, la objetividad y la imparcialidad. También lo son la fraternidad, la libertad, la justicia y la igualdad, más el respeto por los Derechos inherentes a la persona humana consagrados en la Carta de los Derechos Humanos y en la Declaración de Principios de los Colegios Profesionales Universitarios. ... (p. 1).

De lo antes planteado, orientan al psicólogo a lo largo de su profesión, tanto en la ética, en lo moral y en lo humanista, base esencial en dirección a realizar la actividad comunitaria con generosidad, probidad y respeto por los derechos de las personas.

En consecuencia, estos instrumentos jurídicos contemplan la parte legal en donde se defiende la necesidad de un experto como el psicólogo de innovar su realidad profesional, de estar sensibilizado en lo social y con una conducta altruista. Por ese motivo, a lo largo de la carrera debe obrar en este tipo de actividades comunitarias, orientadas a detectar las necesidades y ejecutar intervención preventiva, pertinente al caso a tratar.

Revisión Teórica

Esta investigación se basó en la teoría:

Altruismo

¿Qué es? Es el apoyo que se proporciona a las demás de modo voluntario e intencional, sin demandar nada a cambio. Esta conducta es motivada por las reacciones emocionales que generan en el ser humano la compasión, la comprensión y la afinidad. Parafraseando a Baron y Byrne (op. cit.), los cuales mencionan que la empatía y el impulso altruista se vinculan con otras peculiaridades positivas, tales como sensación de bienestar, incentivo para alcanzar metas, capacidad de socialización y un estado emocional positivo.

Por supuesto, el altruismo es muy afín con una condición emocional positiva. Los sujetos que son altruistas suelen tener un buen estado de ánimo, lo que les hace ser sociables, creativos y evalúan aquello que les envuelve de manera más afirmativa, tanto el ámbito social como a sí mismos, y por eso ayudan en demasía.

Citando a los teóricos (op. cit.), estos describen los factores disposicionales que componen la personalidad altruista:

1. Empatía… Los participantes más altruistas se describieron a sí mismos como responsables, sociables, adaptables, tolerantes, autocontrolados y motivados a dar una buena impresión.
2. Creencia en un mundo justo. Las personas que ayudan perciben el mundo como un lugar justo y predecible, en donde las buenas acciones son recompensadas y las malas castigadas. Esta creencia lleva a la conclusión de que ayudar a aquellos que lo necesiten es lo correcto y a la esperanza de que la persona que ayuda en realidad se beneficiará de llevar a cabo una buena acción. 3. Responsabilidad social. Las personas que más ayudan hablan de la creencia de que cada persona es responsable de hacer lo posible para ayudar a aquellos que lo necesiten.
4. Locus de control interno. Creencia de un individuo de que puede escoger comportarse de forma que maximice los buenos resultados y minimice los malos…
5. Bajo egocentrismo. Aquellos que ayudan no

tienden a ser egocéntricos, absortos en sí mismos ni competitivos… (p. 424).

Dentro de este marco, el ser humano está en constante movimiento y en una continua instrucción. El altruismo es una manera de enseñanza, de apoyo a los demás; es decir, se aprende a auxiliar a causa de que se siente bien, resulta plenamente positivo, o porque se presta atención a las conductas de ayuda en el resto de los seres humanos. La misma involucra mecanismos de afectividad y, de igual modo, cognitivos. Sobre este particular, Baron y Byrne (op. cit.) señalan que la "empatía implica tanto componentes afectivos como cognitivos (Duan, 2000). Afectivamente, una persona empática siente lo que está sintiendo otra persona (Darley, 1993). Cognitivamente, una persona empática entiende lo que está sintiendo otra persona y por qué (Azar, 1997)". (p. 417 y 418).

A su vez, la empatía se relaciona con la compasión y la solidaridad, porque es necesario cierto grado de esta con el espíritu de poder sentir misericordia por los otros. La que permite estimar su dolor y su sufrimiento y, por tanto, llegar a compadecerse de alguien que sufre y desear prestarle su ayuda.

Estos autores (op. cit.) esbozan que "El componente afectivo de la empatía también incluye ser solidario — no solo sentir el dolor de otro, sino también expresar preocupación e intentar hacer algo para aliviar el dolor— . Por ejemplo, los individuos con un nivel alto de empatía están más altamente motivados a ayudar a un amigo que aquellos con un bajo nivel de empatía (Schlenker y Britt, 2001)". (p. 418).

Parafraseando a Coles (1997), este expone que los sujetos que aprenden a ser amables poseen un profundo compromiso a auxiliar a los demás en lugar de perjudicarlos.

"El altruismo es la doctrina que exige que el hombre viva para los demás y coloque a los otros sobre sí mismo".

Rand Ayn

INFORME DE INTERVENCIÓN COMUNITARIA

En este particular, existen diversos modelos de esquema hacia la elaboración del informe, entre los cuales se destaca el de Navarro (2004). En el desarrollo de su estudio comunitario se aprecian las sucesivas pautas:

I. Identificación de los beneficiarios, niños (as): Nombres y apellidos. Edad. Fecha de nacimiento. Curso. Residencia. Beneficiarios indirectos (adultos).

II. Antecedentes relevantes: Descripción de la comunidad local. Ubicación y formas de ingreso. Historia de la comunidad. Organizaciones y agrupaciones sociales reconocidas por los integrantes de la comunidad. Caracterización y elementos distinguidos de la dinámica del sector. Caracterización de la población objeto (de los niños)

III. Objetivos de trabajos planteados: Generales y específicos.

IV. Procedimientos de intervención.

V. Resultados. Diagnósticos. De Intervención.

VI. Conclusiones.

VII. Sugerencias.

Es por ello que en el presente informe se tomó en consideración el mismo y se contextualiza; o sea, para lo que se requirió agregar otros datos notables, dando un toque de originalidad y relevancia, en función de ahondar en el proceso de la intervención comunitaria en La Aguada.

En seguida, se comenzó con los:

Antecedentes Relevantes

Descripción de la Comunidad Local

Reseña Histórica

Doris Auxiliadora Torres Peña y Francisco José Torres Burgos atestiguan que el caserío se fundó en el año 1800 con el nombre de La Aguada, a causa de que había una zona de riego que se iniciaba en las tierras de Julián Torres hasta las de don Luis Peña y, asimismo, existían muchas lagunas. Las aguas venían del río Tabure, que queda en el Palmar. Los fundadores fueron las familias de apellido Torres, Peña, Perdigón, Arráez y Burgos. Las primeras casas pertenecían a don Eduardo Arráez, don Julián Torres, don Luis Peña, don Andrés Peña, don Casiano Perdigón, doña Cleotilde Burgo, Martín Torres, don Eliberto Torres y Pastor Arráez. Al comienzo solo tenía siete viviendas; unas eran de tejas y otras de bajareque con techo de palma.

Los iniciales jefes de caserío fueron don Eduardo

Arráez, don Alejandro Peraza y don Julián Torres, quien tocaba el bandolín, era agricultor, tenía fincas donde criaba ganado y sembraba caraotas, maíz, pimentones, cebollas y tomates.

Las primeras viviendas las construyó Malariología y quienes se encargaron de realizar las solicitudes de estas y del terreno fueron la Sra. Doris Torres y el Sr. Juan Rojas. Las mismas se edificaron en el año 1976 en el sector llamado Los Canjilones.

Cuando se comenzaron a formar las Asociaciones de Vecinos en el año 1976, el primer presidente fue el Sr. Juan Rojas.

La construcción de la capilla "Santísima Cruz", que se encuentra en la comunidad, surge a causa de que un sábado del mes de junio de 1946, un grupo de agricultores se unió para sacar una rogativa con la Santa Cruz, por todas las siembras que se encontraban perdidas por un fuerte verano. Esta plegaria fue encabezada por Andrés Peña, ya que era el rezandero del caserío, y lo acompañaban los agricultores: los hermanos Silva, Alejandro Peraza, Esteban Pérez, Asunción Arráez, los habitantes del lugar y los poblados más cercanos. A las 24 horas de la petición empezó a llover; ese año fue una cosecha fabulosa.

A posteriori, el 3 de mayo de 1947, se fundó una directiva encabezada por el Señor Esteban Pérez, y se hizo un busto doble, al cual se le realizó un gran velorio, y con ello, los años posteriores continuaron las fiestas en homenaje a la Santa Cruz, con la condición de que en cada ciclo de siembra la cumpliría un conuquero.

En reunión efectuada con los hermanos Silva, Alejandro Peraza y Andrés Peña, se acordó nombrar una comisión que se encargaría de la construcción de una capilla y proteger la Cruz. La Junta quedó conformada por Alejandro Peraza, los Silva, José Sinecio Torres y Juan Rojas; dicha edificación duró justo un año en 1948 y se inauguró un 3 de mayo de 1974.

Se realizó la I Feria Patronal en honor a la Virgen del Carmen en julio del año 1977, quedando coronada la niña Migdalia María Pérez Torres.

Se dio clase por primera vez en la casa de la familia Torres, la más antigua del caserío, entre los años 1918 y 1920, conforme con Francisco Torres, uno de los iniciales estudiantes. Su maestro Juan Pérez venía del Tocuyo y se quedaba en la vivienda de su padre, el Sr. Julián Torres.

Fue en el año 1968 cuando se emprendieron las obras públicas para la construcción de esta, siendo la primera maestra la docente Carmen Lucena de Álvarez, la cual impartió clases hasta 1971, puesto que la escuela fue cerrada por falta de estudiantes. Fue en 1976 que abrió sus puertas de nuevo de la mano de la profesora María Daza, impartiendo en una sola aula tres grados (1. °, 2. ° y 3. °). En aquel entonces el plantel funcionaba donde hoy en día labora la educación media.

Motivado por el crecimiento de matrícula, la Prof. Daza solicita la construcción de más aulas, pero la institución educativa no contaba con terreno para dichas construcciones; por esa razón, junto con la presidenta de la Asociación de Vecinos, Doris Torres, se gestiona la donación de un área del Instituto Agrario Nacional (I.A.N.), quienes le donan 1 hectárea de territorio. En la actualidad, la Escuelita de La Aguada es una Escuela Bolivariana que lleva por nombre "Don Vicente Amengual Villalonga", donde se imparte clase desde Educación Inicial hasta el 6. ° Grado, todo esto con el apoyo de la comunidad.

En 1983 se construyeron diez viviendas por el Instituto de Malariología con ayuda de Alejandro Peraza, quien era jefe de caserío. En 1989, por necesidad de tener un lugar donde los niños y jóvenes practiquen deporte, se fabricó por la Gobernación, debido a las solicitudes realizadas por la Asociación de Vecinos y la Comunidad. La cancha deportiva fue construida en el terreno cedido por las Sras. Aristóbula y Ana Torres.

En 1992 se edificaron diez casas por Malariología con la ayuda de la Sra. Doris Torres, presidenta de la Asociación de Vecinos, y más adelante, en 1997, se construyeron 10 moradas por el mismo organismo y con la misma regente.

El primer proyecto del Consejo Comunal en el año

2006 fue la rehabilitación de la capilla "La Santa Cruz".

El 25 de octubre de 2014, se inauguró la Casona Pan de Cielo (antigua casa de los Torres), constituyendo así el primer consultorio médico, ropero, hogar de convivencia y mucho más, bajo el patrocinio y benefactor del diácono Alejandro Martínez Ghersi. No obstante, a partir del 1 de agosto de 2017, el servicio debe mudarse a un área de la escuela, ya que la misma se vendió.

Hoy día se está culminando la construcción de nueve hogares adjudicados por la Misión Ribas en el sector Villa Milagro; sin embargo, se espera por la elección de los miembros del consejo comunal y así conseguir que se construyan todas las obras que se requieren en la comunidad y que permitirán en algo la calidad de vida.

A continuación, sucinto indicio de los primeros habitantes, sus historias, sus costumbres y sus haceres:

- Las familias más antiguas: Torres, Pérez y Arráez.

- La primera enfermera Melitona Pérez y el brujo de la época, Manuel Medina.

- El músico, el Sr. Julián Torres, quien tocaba mandolina.

- Los primeros bodegueros fueron los Sres. Pastor Arráez, Escolástico y Eligio Torres.

- La primera comadrona o partera, la Sra. Socorro Rojas.

- El pan de trigo lo traía el Sr. Juan Bautista Guevara (abuelo de la Prof. Elizabeth Guédez de Herrera) por los años 1936-1938, primero en burro y más tarde en carreta.

- El plato típico de ese tiempo era el suero, leche, cambur, topocho, caraota con tajada; así pues, se comía lo que se producía. Aparte, se sembraba maíz, naranja, mango, níspero, mamón, tamarindo y otros.

- La Sra. Alejandrina hacía los dulces de conserva, de coco, de leche y de mamón.

- La energía eléctrica se instaló entre los años 1960 y 1961. Con su llegada fueron desapareciendo los espantos.

- Se criaba chivo, oveja y ganado; todavía algunas familias siguen con esta costumbre. Y existía la pesca de corroncho, cascarón, baba, entre otros.

- Tenían fábricas de budare, chimó, teja, ladrillo y baldosa. En el sector de El Rincón, fue el sitio donde se construyeron las primeras casas.

- Entre las fechas tradicionales, el 3 de mayo se hacían las fiestas patronales en honor a la Santísima Cruz. Se celebraba con velorio, misas y bailes en casa del Sr. Alejandro Peraza.

- Tiene historia, cuentos y leyendas, algunas de ellas: Los duendes que se consiguen en las quebradas, charcos y vertientes de agua, ellos son pequeños, juguetones y les gusta reírse. El león, La muerte de Renobato, El fundiero, La culebra encantada, La taconua y demás.

Organizaciones y Grupos Sociales

El caserío La Aguada dispone de un conjunto de organizaciones agregadas que la apoyan y las cuales se han establecido por medio de los organismos gubernamentales, tanto en el ámbito nacional, estatal, municipal, y de parte de la Iglesia Católica, etcétera. Distinguiéndose:

Escuela Rural Bolivariana "Don Vicente Amengual". Dirigida por el docente en función directiva, el Prof. Carlos Brito, el cual es de vital importancia en virtud de su apoyo educativo con respaldos de toda su área de atención: Psicopedagogía, deporte, folclor, música, Centro Bolivariano de Informática y Telemática (C.B.I.T.) y comedor escolar en donde les dan desayuno, almuerzo y merienda a los estudiantes.

Liceo Rural Bolivariano "Prof. Edgar Briceño". Administrado por el mismo docente, es de relevancia por su atención a los adolescentes y jóvenes.

El Barrio Adentro I Consultorio Médico Popular La Aguada. Conducido por la Dra. Wilmari Bracho de Medicina Integral Comunitaria o Médico de Familia, con una promotora de salud y una organización social de apoyo (comité de salud), las cuales desarrollan su acción a través de un trabajo cooperativo dentro del ámbito comunitario, logrando el acceso pleno al servicio de salud integral y de calidad.

La Legión de María. Regentada por la T.S.U. Migdalia Pérez y demás colaboradoras, encargadas de formar, orientar y guiar espiritualmente con la evangelización, llevando el mensaje de Dios a los habitantes de la comunidad. A la par de la atención y cuidado de la capilla "La Santa Cruz", dirigida por el diácono Alejandro Martínez Ghersi, en el lugar se imparte el catecismo, la confirmación y el de regir el proyecto Hijas de María, entre otras cosas.

La casa de las Hermanas Misioneras de San José. Tutelada por Sor María Auxiliadora Aguilar, es un lugar de oración y formación cristiana, proveyendo de cursos de manualidades y floristerías. También talleres y retiros espirituales.

El Consejo Comunal Cooperativa La Aguada. LA020224 R. L., es administrado por la estructura de los diversos comités: Administrativo. Contraloría. Agua, energía, gas, telecomunicaciones y transporte. Tierra y agricultura. Hábitat y vivienda. Educación. Protección de niños, niñas y adolescentes. Deporte y cultura.

Del mismo modo, poseen el Comité Local de Abastecimiento y Producción (CLAP), conformado por el Líder Comunitario, Vocera de Alimentación,

UNAMUJER, Frente Francisco de Miranda, UBCH Don Vicente Amengual y las Manzaneras, los cuales han fortalecido la democracia participativa y protagónica, con el impulso y el empoderamiento de las agrupaciones creadas, y estas deben formalizar el control de los planes, programas y proyectos que vayan en beneficio de la comunidad.

En función de lo planteado, el presidente Nicolás Maduro, el 3 de abril de 2016, comunicó el inicio de los Comités Locales de Abastecimiento y Producción (CLAP). Queda plasmado en el Decreto Nro. 2.323, en el que se declara el estado de excepción y de Emergencia Económica en todo el país. De esta forma, en el artículo 2, en su literal 3, establece:

> La garantía, incluso mediante la intervención de la Fuerza Armada Nacional Bolivariana y los órganos de seguridad ciudadana, con la participación de los Comités Locales de Abastecimiento y Producción (CLAP), la correcta distribución y comercialización de alimentos y productos de primera necesidad. (p. 2).

Por este motivo, de conformar un CLAP, la comunidad debe organizarse con su consejo comunal, escoger los responsables y llevar a cabo un censo que determine la cantidad de familias que cohabitan en ese ámbito territorial. Acto seguido, con los datos obtenidos, deben registrar el total de las cajas de alimentos necesarios con la intención de suministrar a todos los hogares y la respectiva solicitud con los requisitos requeridos ante el Ministerio del Poder Popular Para la Alimentación, la unidad delegada de la distribución. Pronto, al llegar los productos alimenticios, los cuales serán pagados a precios subsidiados, los comuneros repartirán los cajones casa por casa.

Ubicación y forma de ingreso

Dirección: Autopista Barquisimeto - Acarigua, desvío La Piedad Norte, km. 12, carreteras Los Llanos. Caserío La Aguada. Zona Postal 3023. Resolución Nro. O.M.P.U.-03-02-2.001 Alcaldía de Palavecino a la Comunidad:

- NORTE: Vía principal de Coco é Mono.

- SUR: Vía La Montaña a El Palaciero.

- ESTE: Quebrada Carauya, El Palaciero.

- OESTE: Terrenos del I.A.N., hoy en día INTI.

En el último censo del Consejo Comunal, los límites son desde la Ciudad de los Muchachos (la entrada de La Aguada) hasta la finca La Estrella. De igual modo, se ubican los callejones:

- La Ciudad de los Muchachos

- El Rincón

- El Porvenir

- Santa Bárbara

- Villa Milagros

- Sector Las Viviendas

Está situado en el sector rural, en una zona algo accesible porque se ingresa por tres vías: Coco é Mono, Palaciero y La Montaña.

Por las cuales se puede llegar a pie, en bicicletas, a caballos, en todo tipo de vehículo, tanto de transporte particular como público. Este último lo realizan los taxis de la ruta de Los Naranjillos y los llamados rapiditos de la línea Palaciero-La Montaña. Los mismos comienzan a trabajar desde las 6 a. m. hasta las 4 p. m., pasando cada hora, si acaso. Laborando de lunes a viernes, y los fines de semana incrementa el pago del pasaje o no pasa.

En estos momentos de crisis, se hace difícil conseguir transporte; por eso, les toca a las personas que requieran salir o entrar a su población el de caminar unos 12,7 km, poco más o menos, por la vía La Montaña hasta llegar al Puente de Santa Rosa, que limita con la capital del estado Lara, Barquisimeto. En dirección a Cabudare deben andar 7,8 km. A la autopista por La Piedad han de recorrer 5,8 km o a La Campiña 6,1 km cerca del sitio de trabajo u otros fines. Es un caserío de bajos recursos, en el cual se observa escasez, necesidad y no cuenta con los servicios básicos.

En secuencia, un mapeo de la comunidad de la Aguada. (Ver Anexo A).

¿A qué se debe el nombre de La Aguada? Al indio Guada, este se encargaba de la artesanía elaborada con arcilla, la cual era llevada al castillo (hoy en día se encuentra la ciudad de los muchachos). El trabajo fue asignado por el jefe Chorobobo según su oficio. Estos territorios le pertenecían al indígena Terepaima, de conformidad con la explicación del informante Sr. Juan Rojas.

Por el contrario, las averiguaciones realizadas por el cronista del Municipio Palavecino, el Prof. Taylor Rodríguez, relata que el calificativo La Aguada proviene de un nacimiento de agua que había en los grandes maizales; la misma se esparcía por todo el caserío en inmensas cantidades. (Hasta unas cuantas décadas atrás existía una laguna donde se bañaban y lavaban su ropa los que viven en el rincón, versión suministrada por ellos).

Con relación a la producción económica en La Aguada, se sembró maíz, caña y caraotas. En la actualidad, aún se mantiene la siembra de maíz en la hacienda La Galería, donde se observa más de dos hectáreas; la caña en el silo llamado El Matadero, en el cual convive una familia y, además, se proveen de los alimentos en dos pequeñas bodegas.

Es de notar que, en los hogares actuales, aun cuando tienen casas y amplios patios, no existe la cultura de la siembra, observándose grandes salones vacíos y abandonados; en una que otra casa hay matas de cambur, mango, mamón y otros crían ganado, ovejas, gallinas y pájaros de gran variedad.

La respuesta es que los terrenos son arcillosos y la tierra no es apta para el cultivo. La mayoría de los habitantes viven de su trabajo asalariado a destajo en diferentes empresas y organizaciones de servicio.

Caracterización de la comunidad La Aguada

En tal sentido, se aprecian algunos datos tomados del censo comunal del año 2017.

Distribución de los hogares:

FAMILIAS TOTALES

- De 2 a más integrantes: 133

- Hogar de la Ciudad de los Muchachos: 1

- Vive solo: 22

TOTAL DE HOGARES: 156

Distribución de los habitantes por edad, enfermedad y discapacidad:

CATEGORÍAS TOTALES

- Niños (as) de 0 A 12 años de edad: 120

- Adolescentes y jóvenes de 13 a 25 años: 96

- Adultos de 26 a 54 años: 209

− Adultos mayores de 55 a 90 años: 59

− Enfermedad o Problema de Salud: 60

− Discapacitados: 19

TOTAL, DE HABITANTES: 484

Distribución por comité de la estructura del Consejo Comunal:

ESTRUCTURA DEL CONSEJO COMUNAL LA AGUADA:

− *Comité Administrativo:* María Teresa Sánchez, Giljomar Valles, Michell Torres, Julio César Duran, Juan Nieto y Yohana Yusti.

− *Comité de Contraloría:* Érica Rodríguez, Irean Pérez, Katty Rojas, Rafael Sangronis (Hijo), Milsaibeth Freitez, Kristil Yusti y José Verastegui.

− *Comité de Agua, Telecomunicaciones, Energía, Gas y Transporte:* José Gregorio Rivero, Aryelis Vásquez y Alberto Arcano.

− *Comité de Tierra y Agricultura:* Hilda Camacho, Rafael Sangronis (Padre) y Marina Barco.

− *Comité de Hábitat y Vivienda:* Zubely Mendoza. Norbelis Torres y Yoleida Dun.

− *Comité de Educación:* Adelaida Pérez, María Sánchez y Richard Torres.

− *Comité de Protección de Niños, Niñas y*

Adolescentes: Reina Ojeda, Karen Vejar y Arletti Guerrero.

- *Comité de Deporte y Cultura:* Jafet y Erson Mendoza y Carlos Colmenarez.

- *Comité de Salud:* Irma y Carmen Torres, y Rafael Urbina.

- *Comité de Alimentación:* Danni Sosa, Pastora Peraza y Emilia Orellana.

Distribución del Comité Local de Abastecimiento y Producción (CLAP) La Aguada:

ESTRUCTURA DEL CLAP:

- Líder comunitario: G. V.

- Vocera de alimentación: E. O.

- UNAMUJER: C. T.

- Frente Francisco de Miranda: L. M. (+) 2020

- UBCH Don Vicente Amengual: P. V.

- Manzanera: A. G.; Z. S.; A. P.; Y. C.; M. P.; K. V.; y C. B.

Objetivos

Afianzar la democracia participativa y protagónica a través del impulso y el empoderamiento en las agrupaciones constituidas para que posean emancipación en las tomas de decisiones y consigan ejercer el control de los planes, programas y proyectos que vayan en beneficio de la comunidad de La Aguada del municipio Palavecino del Estado Lara.

Integrar a la comunidad, garantizando su participación en la formulación de propuestas y/o proyectos.

Promover la creación de nuevas organizaciones de base cuando fuera necesario CLAP.

Organizar, planificar y realizar el censo poblacional de la comunidad y mantenerlo actualizado.

Principios

En la Ley Orgánica de los Consejos Comunales (2009), en su artículo 3, instaura:

La organización, funcionamiento y acción de los consejos comunales se rige por los principios y valores de participación, corresponsabilidad, democracia, identidad nacional, libre debate de las ideas, celeridad, coordinación, cooperación, solidaridad, transparencia, rendición de cuentas, honestidad, bien común, humanismo, territorialidad, colectivismo, eficacia, eficiencia, ética, responsabilidad social, control social, libertad, equidad, justicia, trabajo voluntario, igualdad social y de género…(p. 8).

De esta manera, se parte de la concepción de que el

consejo comunal debe impulsar los valores de convivencia, tolerancia, corresponsabilidad, solidaridad, cooperación, humanismo y lo demás, de tal modo que sea competente para convivir en sociedad activa y conscientemente.

Misión

Motivar y fortalecer la democracia participativa y protagónica, a través del impulso y el empoderamiento a los grupos organizados, logrando que tengan autonomía en las tomas de decisiones y logren ejercer el control sobre todos aquellos programas y proyectos comunitarios que respalden el ejercicio de la cooperación, solidaridad y corresponsabilidad social en la gestión pública, para el fortalecimiento de las potencialidades y resolver los problemas de la comunidad.

Visión

Propiciar la transformación de las personas que habitan en la comunidad para que favorezca un desarrollo solidario, logrando elevar el espíritu y el nivel de vida de la población, satisfaciendo todas las necesidades de nuestra comunidad en general y garantizando el bienestar integral, gestionando un desenvolvimiento sobre el progreso social, por medio de una justa repartición de la riqueza mediante una planificación estratégica, participativa, democrática y de consulta abierta a cada ciudadano, manteniendo la igualdad de condiciones que ejercen en la misma.

Descripción de la problemática

La Aguada es una comunidad de bajos recursos, observándose mucha privación y sin los servicios básicos en consideración a su sostenimiento, tales como: agua, cloacas, transporte público, servicio del aseo rural, líneas de teléfonos, internet, drenajes de lluvias, aceras, paradas y módulo policial.

De igual forma, en las entrevistas y en la elaboración del análisis de la Matriz FODA, gracias a la técnica del Focus Group realizado con los miembros del Comité Local de Abastecimiento y Producción, en su sigla (CLAP), se constató que son personas que luchan a diario con el intento de lograr sus cometidos.

Con todo, por ausencia de técnicas y herramientas de organización, en fin, caen en la desmotivación, en el poco liderazgo, en la falta de comunicación, en la intolerancia y sin sentido de pertenencia, etcétera.

Inmediatamente, en el cuadro 1 se visualiza:

Cuadro 1
Distribución del Análisis de la Matriz FODA

MATRIZ FODA.	
ANÁLISIS INTERNO	**ANÁLISIS EXTERNO**
DEBILIDADES: -Desanimo -Desmotivación -Intolerancia -Falta de comunicación -Poco liderazgo -Falta de sentido de pertenencia. -Poca asistencia a la asamblea general. -No poseen una casa comunal -Desconocimientos en algunas áreas de la organización	**AMENAZAS:** -Perdida de los programas y planes sociales. -Falta de seguridad. -Renuncia de los miembros de la estructura CLAP -Empobrecimiento de algunos miembros de la comunidad -Desnutrición -Inundación por desvió de las aguas de lluvias que vienen de la Zona Industrial de Palavecino.
FORTALEZAS: -El grupo con deseo de trabajar. -Integración de la comunidad. -Sistema de vigilancia. -Miembros con nivel educativo tanto Bachilleres como Universitario	**OPORTUNIDADES** -Enlaces con diversos organismos gubernamentales. -Creación de nuevos empleos -Barrio adentro Integral I -Apoyo de los miembros de la Iglesia. -Apoyo de la escuela al prestarles sus espacios, entre otros.

Nota: Datos elaborados en conjunto entre los miembros del CLAP de La Aguada y la Autora.

Es sustancial mencionar que, con el propósito de elaborar el diagnóstico de la comunidad, se empleó la técnica del Focus group. De acuerdo con Cabiria (2012), recalca que "… son una categoría específica siendo grupos de discusión que, como el nombre indica, están focalizados en un tema o en una serie de preguntas concretas, y su moderación es directiva" (p. 3).

En concreto, se abordó en reiteradas ocasiones a los comuneros del CLAP con la ayuda de interrogantes acerca de la organización en que participan, cuáles son sus fortalezas, oportunidades, debilidades y amenazas, de la misma manera, cuál es la misión, visión, los objetivos y principios de su estructura, dándole el apoyo en la construcción de estos.

Adicionalmente, se indagó en los ámbitos de educación, salud, recursos, problemas, necesidades y, entre otras materias, se alentó a conversar, haciendo posible que participaran las integrantes, logrando en definitiva la discusión grupal y, por tanto, la construcción colectiva de los mismos.

Cabiria (op. cit.) opina:

A diferencia de otras técnicas tradicionales como la observación, la entrevista personal o la encuesta social, el focus group permite obtener con suficiente profundidad, gracias a la interacción entre los participantes, información valiosa respecto a conocimientos, actitudes, sentimientos, creencias y experiencias, y esta información específica y colectiva se obtiene en un corto período de tiempo (Aigneren, 2002, p. 4).

En lo que respecta a la Matriz FODA, Pone (2007), sostiene que el beneficio está en plantear las estrategias con el objetivo de valorar los "..., factores fuertes y débiles que, en su conjunto, diagnostican la situación interna de una organización, así como su evaluación externa, es decir, las oportunidades y amenazas. También, es una herramienta que puede considerarse sencilla y que permite obtener una perspectiva general". (p. 3).

Por ende, se aprovecharon las fortalezas de los sujetos del CLAP de sacar provecho de las oportunidades y, de este modo, tener herramientas de cómo afrontar las amenazas y conseguir minimizar las debilidades trazadas, consiguiendo fortalecer el trabajo comunitario.

De hecho, un análisis bien realizado surge de una serie de planes de acción estratégicos y proyectos con el foco de alcanzar el éxito.

Identificación de los Beneficiarios

En cuanto a los Agentes Sociales Involucrados, se tienen los datos consiguientes:

A Nombre y Apellido: A. A
   Edad: 36 años
   Sexo: F
   Lugar de Nacimiento: Barquisimeto - Lara
   Estado Civil: Casada.
   Religión: Católica
   Zona de Residencia: La Aguada
   ¿Tiene usted hijos? Sí (3)
   Nivel de Instrucción: Universitaria

Ocupación: Secretaria

B Nombre y Apellido: B. B
Edad: 41
Sexo: F
Lugar de Nacimiento: Cabudare - Lara
Estado Civil: Unión libre.
Religión: Católica.
Zona de Residencia: La Aguada
¿Tiene usted hijos? Sí (2)
Nivel de Instrucción: Bachiller
Ocupación: Obrera educacional

C Nombre y Apellido: C.C.
Edad: 48 años
Sexo: F
Lugar de Nacimiento: Barquisimeto - Lara
Estado Civil: Soltera.
Religión: Cristiana.
Zona de Residencia: La Aguada
¿Tiene usted hijos? Sí (3)
Nivel de Instrucción: Bachiller
Ocupación: Obrera educacional

D Nombre y Apellido: D. D.
Edad: 43
Sexo: F
Lugar de Nacimiento: Cabudare - Lara
Estado Civil: Casada.

Religión: Católica.
Zona de Residencia: La Aguada
¿Tiene usted hijos? Sí (5)
Nivel de Instrucción: Bachiller
Ocupación: Obrera educacional

E Nombre y Apellido: E. E.
Edad: 47
Sexo: F
Lugar de Nacimiento: Barquisimeto - Lara
Estado Civil: Casada.
Religión: Cristiana.
Zona de Residencia: La Aguada
¿Tiene usted hijos? Sí (3)
Nivel de Instrucción: Bachiller
Ocupación: Obrera educacional

F Nombre y Apellido: F. F.
Edad: 42
Sexo: F
Lugar de Nacimiento: Barquisimeto - Lara
Estado Civil: Casada.
Religión: Católica.
Zona de Residencia: La Aguada
¿Tiene usted hijos? Sí (2)
Nivel de Instrucción: Universitaria
Ocupación: Obrera educacional

G Nombre y Apellido: G. G.

Edad: 40

Sexo: F

Lugar de Nacimiento: El Mayal - Lara

Estado Civil: Casada.

Religión: Cristiana.

Zona de Residencia: La Aguada

¿Tiene usted hijos? Sí (2)

Nivel de Instrucción: Bachiller

Ocupación: Obrera educacional

H Nombre y Apellido: H. H.

Edad: 48

Sexo: F

Lugar de Nacimiento: Barquisimeto - Lara

Estado Civil: Soltera.

Religión: Católica

Zona de Residencia: La Aguada

¿Tiene usted hijos? No

Nivel de Instrucción: Universitaria

Ocupación: Secretaria.

I Nombre y Apellido: I. I.

Edad: 35

Sexo: F

Lugar de Nacimiento: Cabudare - Lara

Estado Civil: Soltera.

Religión: Católica

Zona de Residencia: La Aguada.

¿Tiene usted hijos? Sí (2)

Nivel de Instrucción: Bachiller

Ocupación: Cocinera

J Nombre y Apellido: J. J.

Edad: 24

Sexo: F

Lugar de Nacimiento: Barquisimeto - Lara

Estado Civil: Soltera.

Religión: Católica.

Zona de Residencia: La Aguada.

¿Tiene usted hijos? No

Nivel de Instrucción: Bachiller

Ocupación: Estudiante.

Identificación de los beneficiarios indirectos: (Habitantes de la comunidad): **474.**

Instrumento de Recolección de Datos

En lo alusivo a la situación socioambiental de la comunidad, se elaboró una encuesta que Arias (2006) precisó: "… técnica que pretende obtener información que suministra un grupo o muestra de sujetos acerca de sí mismos, o en relación con un tema en particular". (p. 72).

Por lo tanto, se usó a modo de recolección una ENCUESTA CONFIDENCIAL, definida por Valverde (2017) como el instrumento que contribuirá con diferente información de una comunidad. Acentuando que "es un ejemplo, …”. (p. 3). Enseguida, el detalle de esta, con un total de 14 interrogantes que apoya la observación y las entrevistas realizadas a los integrantes del CLAP, en la cual se inquirió los *Datos Personales y Geográficos* que van del uno (1) a diez (10) ítems.

Correspondiente a los *Datos de la Comunidad,* en las consultas once (11) y doce (12), se presenta una serie de indagaciones; solo debían marcar con una (x) la opción que consideran correcta.

En lo referido con los *Datos del CLAP*, en el ítem trece (13), se expuso varias cuestiones; en él colocarían una (x) en la elección que juzgará acorde. Merece la atención que los indicadores se tomaron del Análisis Interno-Debilidades-Matriz FODA.

Y, por último, en la pregunta catorce (14), señalaría con una (x) las *Actividades* que le gustaría que fueran ofrecidas.

Sin demora, se presenta la encuesta que se aplicó a los diez (10) comuneros del CLAP de La Aguada. Para lo cual, se emprendió con las pautas de aplicabilidad del instrumento:

Aplicación: Se puede administrar de manera individual o colectiva.

Finalidad: Obtener datos alusivos de la comunidad.

Tiempo: De 10 a 15 minutos. Alcanzado el lapso designado a la evaluación, se retirará el material.

Materiales: Proveer de la encuesta y un lápiz grafito.

Instrucciones: Se les dirá que llenen la encuesta con la mayor sinceridad posible. Puede estar segura de que lo que escriba en ella será estrictamente confidencial. (Ver Anexo B).

Análisis de Datos

En efecto, se realizó a través de la interpretación del instrumento suministrado, en el cual se eligió tanto el programa Statistical Package for the Social Sciences o Paquete Estadístico para las Ciencias Sociales (SPSS®) 23.0, como Microsoft Excel versión 2010, en donde los datos recogidos se tabularon y presentaron en gráficos estadísticos, realizando la deducción de las preguntas.

Es por eso que esta aplicación se utiliza en el área de psicología; la misma resulta de gran utilidad al momento de realizar una investigación. Incluso, se elaboró un cuadro con las catorce (14) interrogantes efectuadas a los colaboradores del CLAP de La Aguada del municipio Palavecino - Estado Lara. (Ver Anexo C).

A continuidad, el análisis de estas:

Estadísticos Descriptivos del indicador: Edad de las encuestadas

Descriptivos		
		Estadístico
Edad	Media	40,4
	Mediana	41
	Varianza	38,62
	Desviación típica	6,21
	Mínimo	24
	Máximo	48
	Rango	10

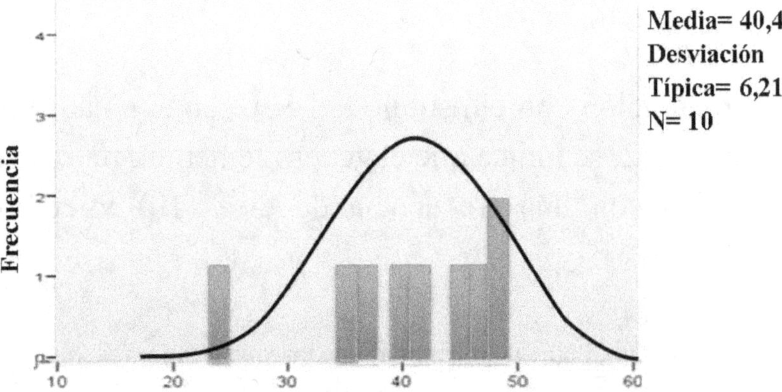

Gráfico 1. Distribución Estadísticos Descriptivos de los resultados del indicador: Edad. Datos recolectados por la autora.

Se muestra en el Cuadro 2 y el Gráfico 1 lo relativo a la *Edad* de las personas en estudio. Estas oscilaron entre una mínima de 24 y una máxima de 48, estableciéndose una media de 40,4, con una desviación típica de 6,21. Entonces, se puede comprobar que el promedio es de 41 años, de un total de 10 comuneras consultadas.

Cuadro 3.
Estudio del sexo de las entrevistadas

Sexo				
	Frecuencia	Porcentaje	Porcentaje válido	Porcentaje acumulado
Válidos Masculino	0	0,0	0,0	0,0
Femenino	10	100,0	100,0	100,0
Total	**10**	100,0	100,0	

Sexo

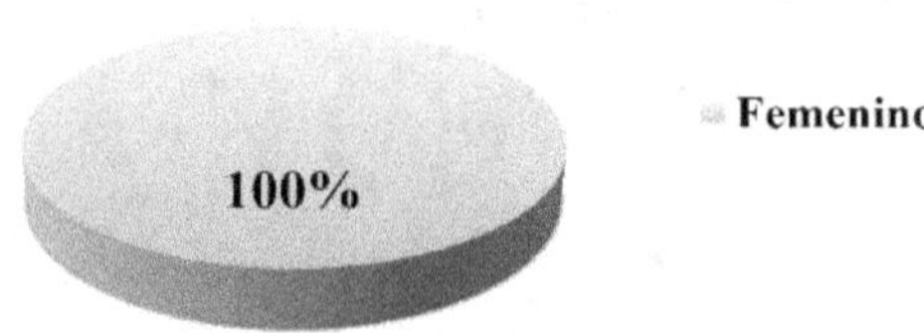

Gráfico 2. Estudio del sexo de las entrevistadas.
Datos obtenidos por la autora.

En atención con el estudio del *Sexo* en el Cuadro 3 y el Gráfico 2, se indica que el género femenino representa el 100% con una frecuencia de diez (10) miembros analizados.

Cuadro 4.
Estudio del lugar de nacimiento de las consultadas

Lugar de Nacimiento				
	Frecuencia	Porcentaje	Porcentaje válido	Porcentaje acumulado
Válidos Barquisimeto	6	10,0	10,0	10,0
Cabudare	3	60,0	60,0	70,0
El Mayal	1	30,0	30,0	100,0
Total	**10**	100,0	100,0	

Lugar de Nacimiento

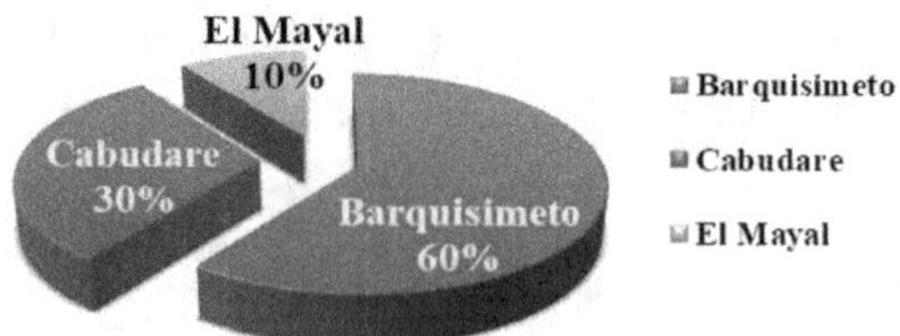

Gráfico 3. Estudio del lugar de nacimiento de las consultadas.
Data recogida por la autora

Al respecto del *Lugar de Nacimiento* por parte de las encuestadas en el Cuadro 4 y el Gráfico 3, se observa que el 60% con una frecuencia de seis (6) nacieron en Barquisimeto, el 30% con tres (3) son de Cabudare y el 10% con una (1) es del Mayal, proporcionando un total del 100% de una población de 10 partícipes interrogadas.

Cuadro 5.
Estudio del estado civil de las interrogadas

		Frecuencia	Porcentaje	Porcentaje válido	Porcentaje acumulado
	Estado Civil				
Válidos	Casada	5	50,0	50,0	50,0
	Unión Libre	1	10,0	10,0	60,0
	Soltera	4	40,0	40,0	100,0
	Total	**10**	100,0	100,0	

Estado Civil

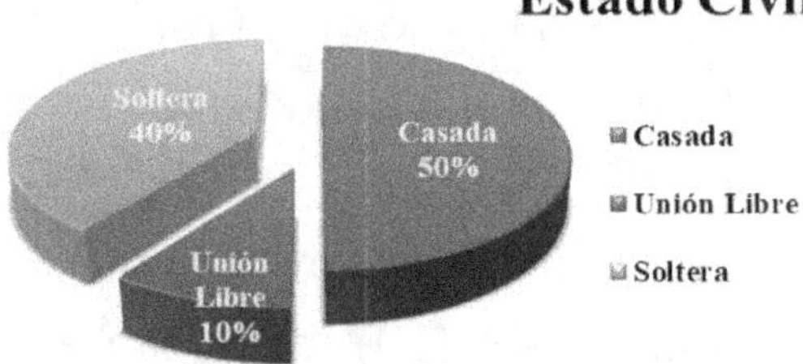

Gráfico 4. Estudio del estado civil de las interrogadas.
Información conseguida por la autora

Concerniente al estudio del *Estado Civil* por parte de las examinadas, según lo presentado en el Cuadro 5 y el Gráfico 4, se evidencia que el 50% con una frecuencia de cinco (5 personas) están casadas, el 40% (4 personas) son solteras y un 10% (1 persona) se encuentra en una relación de unión libre. Estos datos corresponden al total del 100% de una muestra compuesta por 10 elementos sondeados.

Cuadro 6.
Estudio de la religión de las indagadas

Religión		Frecuencia	Porcentaje	Porcentaje válido	Porcentaje acumulado
Válidos	Católica	7	70,0	70,0	70,0
	Cristiana	3	30,0	30,0	100,0
	Total	**10**	100,0	100,0	

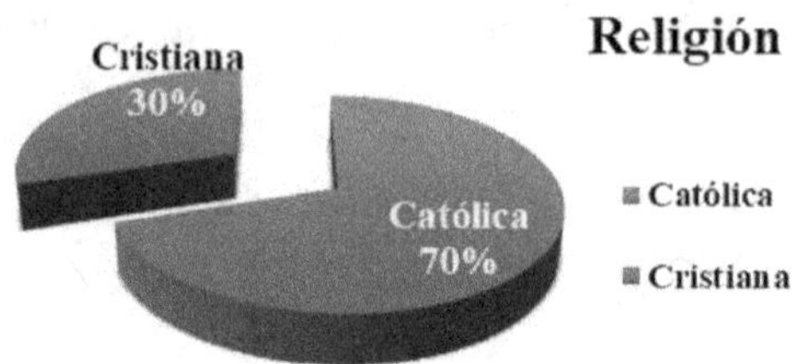

Gráfico 5. Estudio de la religión de las indagadas.
Data recolectada por la autora.

Tocante al estudio de la *Religión* por parte de las investigadas en el Cuadro 6 y el Gráfico 5, se muestra que el 70%, con una repetición de siete (7 personas), son católicas y el 30%, con una frecuencia de tres (3 personas), son cristianas, proveyendo un total del 100% de una población de diez (10) participantes averiguadas.

Cuadro 7.
Estudio del lugar de residencia de las investigadas

Residencia		Frecuencia	Porcentaje	Porcentaje válido	Porcentaje acumulado
Válidos	La Aguada	10	100,0	100,0	100,0
	Total	**10**	100,0	100,0	

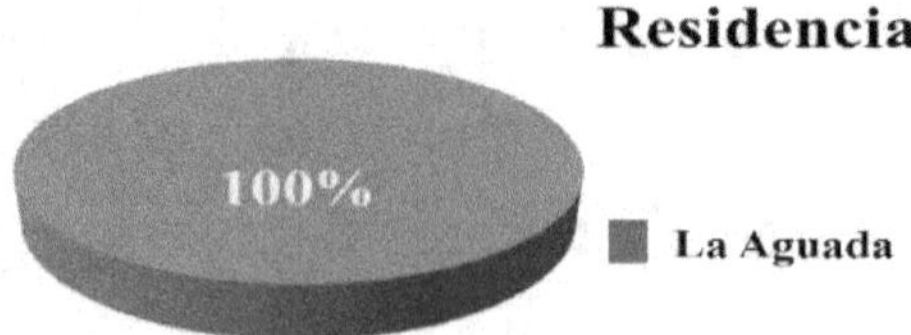

Gráfico 6. Estudio del lugar de residencia de las investigadas.
Data obtenida por la autora.

Atinente al estudio de la zona de *Residencia*, en el Cuadro 7 y el Gráfico 6, La Aguada representa el 100% con una frecuencia de diez (10) integrantes probadas.

Cuadro 8.
Estudio sobre si tienen hijos los empleados

¿Tiene usted hijos, Cuantos?				
Cuantos Hijos	Frecuencia	Porcentaje	Porcentaje válido	Porcentaje acumulado
Válidos	0	2	20,0	20,0	20,0
	2	4	40,0	40,0	60,0
	3	3	30,0	30,0	90,0
	5	1	10,0	10,0	100,0
	Total	**10**	100,0	100,0	

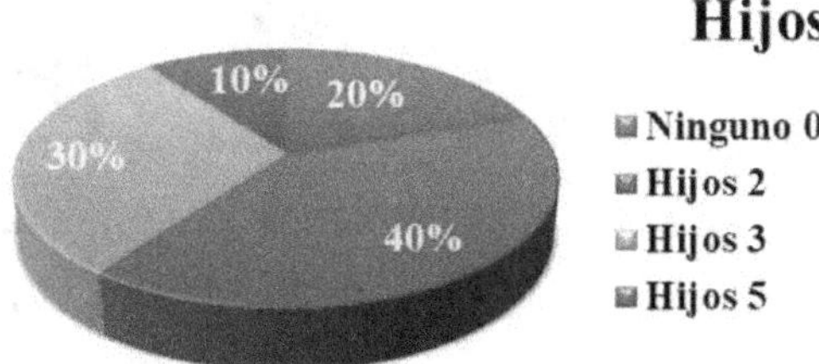

Gráfico 7. Estudio sobre si tienen hijos las consultadas.
Data tomada por la autora.

En lo pertinente al estudio de si tienen *Hijos* las indagadas en el Cuadro 8 y el Gráfico 7, se observa que, por un lado, el 80% posee descendientes; esto es, el 40% con una frecuencia de cuatro (4) personas con dos (2) hijos + 30% (3 personas) con un trío de proles, un 10% (1 persona) con cinco y, por otra parte, el 20% (2 personas) que no tienen descendencias, suministrando un total del 100% de una población de diez (10) colaboradoras averiguadas.

Cuadro 9.
Estudio acerca del nivel de instrucción de las examinadas

		Nivel de Instrucción			
		Frecuencia	Porcentaje	Porcentaje válido	Porcentaje acumulado
Válidos	Primaria	0	0,0	0,0	0,0
	Bachiller	7	70,0	70,0	70,0
	Universitaria	3	30,0	30,0	100,0
	Total	**10**	100,0	100,0	

Nivel de instrucción

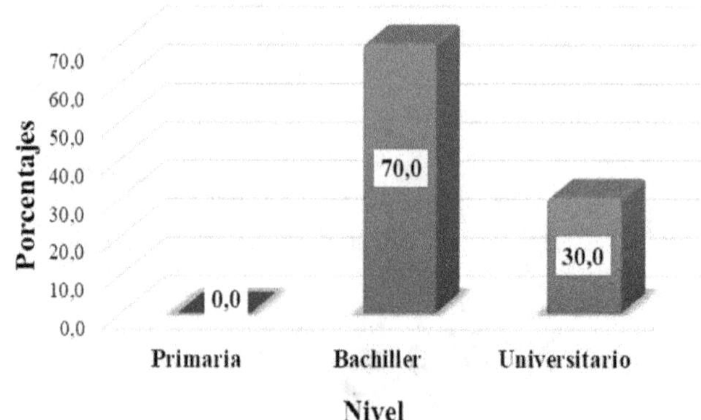

Gráfico 8. Estudio acerca del nivel de instrucción de las examinadas.
Información reunida por la autora.

Con relación al *Nivel de Instrucción* de las estudiadas por parte de las encuestadas en el Cuadro 9 y el Gráfico 8, se apreció que el 70% con una frecuencia de siete (7) son bachilleres y el 30% con una periodicidad de tres (3) son universitarias, facilitando un total del 100% de una población de diez (10) sujetos observados.

Cuadro 10.

Estudio con respecto a la ocupación laboral actual de las observadas

Ocupación Laboral				
	Frecuencia	Porcentaje	Porcentaje válido	Porcentaje acumulado
Válidos Obrera	6	60,0	60,0	60,0
Secretaria	2	20,0	20,0	80,0
Cocinera	1	10,0	10,0	90,0
Estudiante	1	10,0	10,0	100,0
Total	**10**	100,0	100,0	

Ocupación Laboral

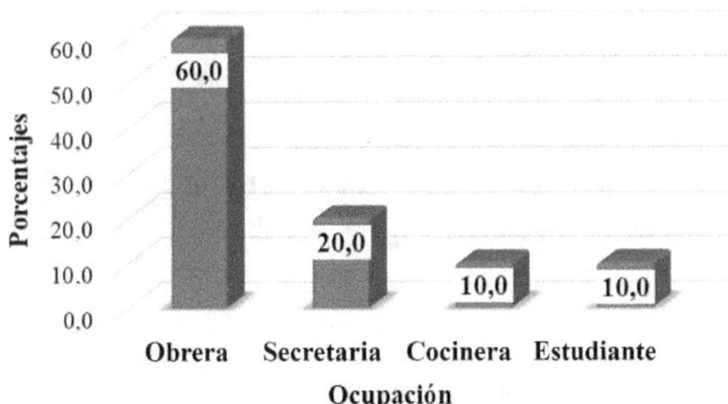

Gráfico 9. Estudio con respecto a la ocupación laboral actual de las observadas.
Data conseguida por la autora

En lo inherente al estudio de la *Ocupación Laboral* por parte de las estudiadas en el Cuadro 10 y el Gráfico 9, se advierte que el 60% con una frecuencia de seis (6), son obreras; el 20%, con una periodicidad de dos (2), son administrativas; el 10% (1 persona) es cocinera y el otro 10% (1 participante) es estudiante, con un total del 100% de una población de diez (10) elementos interrogados.

Cuadro 11.

¿Cuáles de los siguientes servicios cuenta la comunidad?				
	Frecuencia	Porcentaje	Porcentaje válido	Porcentaje acumulado
Válidos Eléctrico	1	10,0	10,0	10,0
Transporte Público	1	10,0	10,0	20,0
Cancha	2	20,0	20,0	40,0
Gas	1	10,0	10,0	50,0
Barrio Adentro I	3	30,0	30,0	80,0
Aseo Rural	1	10,0	10,0	90,0
Agua Potable	1	10,0	10,0	100,0
Teléfonos Pbco.	0	0,0	0,0	0,0
Modulo Policial	0	0,0	0,0	0,0
Cloacas	0	0,0	0,0	0,0
Casa de Consejo Comunal	0	0,0	0,0	0,0
Total	10	100,0	100,0	

Servicios que cuenta la comunidad

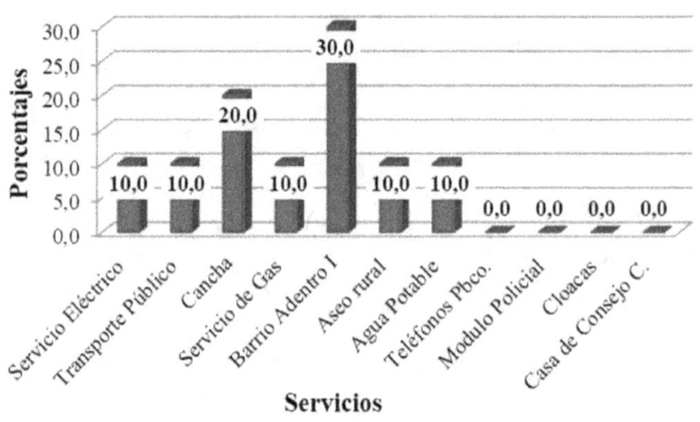

Gráfico 10. Servicios disponibles en la comunidad.
Datos recolectados por la autora.

En referencia a los *Servicios* disponibles en la comunidad, el Cuadro 11 y el Gráfico 10 revelan que el 30% (3 entrevistados) mencionan el programa Barrio Adentro I; el 20% (2 personas) muestran la cancha deportiva; el 10% (1 participante) el servicio eléctrico; el

10%, el transporte público; un 10%, el gas; un 10%, el aseo; y el otro 10% (1 colaboradora) afirma que agua potable. Cabe acentuar que ninguna de las encuestadas mencionó la existencia de teléfonos públicos, módulo policial, cloacas ni Casa de Consejo Comunal. La muestra total incumbe a diez (10) colaboradores sondeados, lo que corresponde al 100% de las encuestadas.

Cuadro 12.

¿Cómo percibe la calidad de los servicios dentro de la comunidad?				
		Frecuencia	Porcentaje	Porcentaje válido	Porcentaje acumulado
Válidos	Buena	0	0	0	0
	Regular	5	50, 00	50, 00	50,0
	Deficiente	5	50, 00	50, 00	100,0
	No existe	0	0	0	100,0
	Total	**10**	100, 00	100,0	

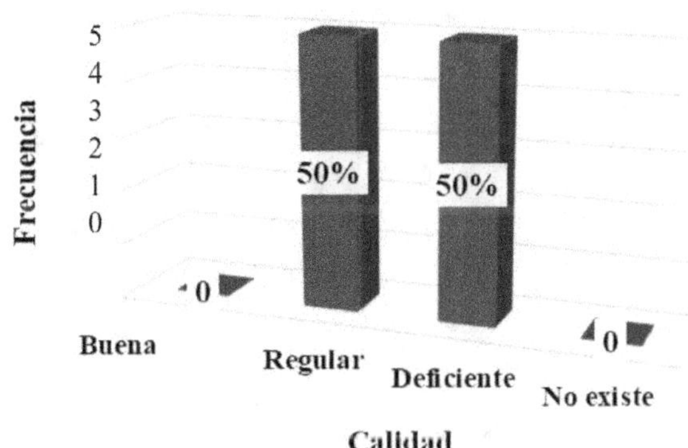

*Gráfico 11. Calidad de los servicios dentro de la comunidad.
Información recogida por la autora*

Acorde a cómo perciben la *Calidad de los servicios* dentro de la comunidad, los resultados obtenidos y reflejados en el Cuadro 12 y el Gráfico 11 exteriorizan que el 50% (5 encuestadas), consideran que es *deficiente*, mientras que el otro 50% (5 participantes) la califican como *regular*. Estos datos corresponden al 100% de una muestra compuesta por diez (10) miembros averiguados.

Cuadro 13.

		Frecuencia	Porcentaje	Porcentaje válido	Porcentaje acumulado
¿Cuál de las siguientes problemáticas se efectúa con mayor frecuencia dentro del CLAP?					
Válidos	Falta de liderazgo	2	20,0	10,0	10,0
	Falta de Sentido. de Pertenencia.	2	20,0	20,0	30,0
	Falta de Comunicación.	1	10,0	20,0	50,0
	Falta de Motivación.	3	30,0	30,0	80,0
	Intolerancia	2	20,0	20,0	100,0
	Total	**10**	100,0	100,0	

Problemáticas que ocurre con mayor frecuencia

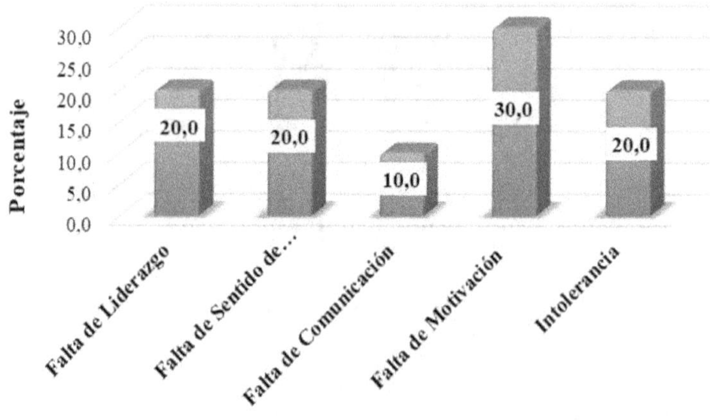

Gráfico 12. Problemáticas que ocurren con mayor frecuencia dentro del CLAP.
Data recabada por la autora

Relativo a las *Problemáticas* que ocurren con mayor

frecuencia dentro del CLAP de La Aguada, en el Cuadro 13 y el Gráfico 12, las deducciones de los datos recolectados muestran que el 30% consideran que es la *falta de motivación*, con una asiduidad de tres (3) entrevistadas; un 20% apuntan *falta de sentido de pertenencia* con una recurrencia de dos (2) partícipes; el 20% se refieren a *falta de liderazgo* y el otro 20% (2 personas), reiteran *la intolerancia* y un 10% (1 persona), declara falta de comunicación, con una totalidad del 100%.

Cuadro 14.

¿Qué actividades le gustaría que fueran ofrecidas dentro del CLAP?				
		Frecuencia	Porcentaje	Porcentaje válido	Porcentaje acumulado
Válidos	Talleres	6	60,0	60,0	60,0
	Todas las anteriores	4	40,0	40,0	100,0
	Total	**10**	100,0	100,0	

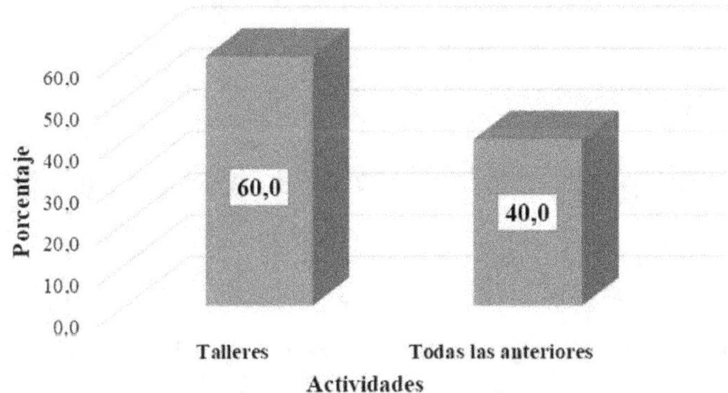

Gráfico 13. Actividades le gustaría que fueran ofrecidas al CLAP.
Información reunida por la autora.

En lo alusivo a qué *Actividades* le gustaría que fueran

ofrecidas al CLAP, en el Cuadro 14 y el Gráfico 13 las entrevistadas insinúan *los talleres* con un 60% con una frecuencia de seis (6) colaboradoras; y *todas las anteriores* con un 40% (4 participantes), proporcionando un total del 100% de una muestra de diez (10) personas consideradas. Con ella, se darán talleres con los diversos temas que se abordarán en la intervención comunitaria.

Diagnóstico de Necesidades

La comunidad de indagación es el Consejo Comunal Cooperativa La Aguada. En específico, el Comité Local de Abastecimiento y Producción (CLAP). Se tomó una muestra aleatoria compuesta por diez (10), a las cuales se les administró una encuesta con la determinación de establecer la realidad del Clima Organizacional, tomando como punto de partida las observaciones, entrevistas, la técnica Focus Group y, de forma particular, la Matriz FODA.

De acuerdo con lo expuesto, el análisis se caracterizó por incluir participantes cuyas edades oscilan entre los 24 y 48, con un promedio de 41 años. La totalidad de las encuestas pertenecen al sexo femenino, y la mayoría de ellas nacieron en Barquisimeto. Asimismo, la mitad de las sondeadas son casadas y profesan la religión católica. Todas residen en el caserío y gran parte tienen hijos. En términos de nivel de instrucción, la mayoría cuentan con el bachillerato. A la par, una media se desempeña como obrera, dos son secretarias, una cocinera y otra se encuentra en condición de estudiante.

Es de notar los servicios disponibles en la comunidad; tres de las consultadas consideraron que es el Barrio Adentro I, dos que la cancha, una que la energía eléctrica y las restantes, que el transporte, el gas, el aseo y el agua potable.

Sin embargo, la comunidad no dispone de teléfonos públicos, módulo policial, cloacas, Casa de Consejo Comunal ni acceso a Internet. En relación con la calidad, una media considera que son deficientes y la otra mitad recalca que son regulares.

En lo que concierne a las problemáticas que ocurren con mayor frecuencia dentro del CLAP de La Aguada, consideran que son la falta de motivación, el sentido de pertenencia, el liderazgo, la intolerancia y la comunicación.

Es relevante realzar que los asuntos que existen en el interior de la estructura del CLAP son complejos. Se tiene escasez socioeconómica que se aprecia desde la falta de algunos servicios y su mala calidad, las relaciones interpersonales, entre otros aspectos.

Por tal motivo, las comuneras exponen como necesidades las cuatro primeras demostradas con anterioridad. De las cinco planteadas, se escogieron los indicadores con mayores porcentajes para la realización de los argumentos del abordaje.

Objetivos Propuestos

Objetivo general

Diseñar planes de intervención que fortalezcan la motivación, el sentido de pertenencia, el liderazgo y la tolerancia, dirigido a los miembros del CLAP que pertenecen al Consejo Comunal La Aguada del Municipio Palavecino del Estado Lara.

Objetivos específicos

1. Diagnosticar las necesidades o problemáticas que se evidencian dentro de la comunidad de La Aguada a través de encuentros, entrevistas, mapeos y otros.

2. Caracterizar los ámbitos socioculturales, educación, salud, recursos, problemas y necesidades con el uso del Focus Group y la matriz FODA.

3. Elaborar una cartelera alusiva a "El Rol del Psicólogo en la comunidad".

4. Determinar las actividades y la organización del CLAP.

5. Evaluar las necesidades que se evidencian dentro de la comunidad por medio de la aplicación de una encuesta.

6. Hacer el Informe de Intervención Comunitaria del Consejo Comunal La Aguada - CLAP.

7. Crear un plan de intervención en el cual adquieran herramientas que les ayuden a liderar con éxito, conociendo sus componentes, las mentiras y excusas y el querer es poder.

8. Desarrollar un plan de intervención que describa las actitudes que limitan el sentido de pertenencia.

9. Realizar un plan de intervención centrado en promover los mapas del éxito con la meta de disminuir la falta de motivación.

10. Efectuar un plan de intervención con el propósito de minimizar la intolerancia al poner en práctica el lado metafísico.

Sucinto Análisis del Libro
"La Psicología del éxito"

Al cumplir el estudio, se puede evidenciar que es un texto de autoayuda y autodidacta que alienta a revelar y manejar las habilidades y actitudes que posee el ser humano con la intencionalidad de ir más allá de la escasez, la necesidad y la pobreza.

En particular, la comunidad de La Aguada es de bajos recursos, en donde se visualiza penuria y no cuenta con los servicios básicos; no obstante, son seres humanos que guerrean a diario, logrando conseguir sus cometidos; si bien la ausencia de técnicas, herramientas de organización y los demás hace que caigan en las continuas faltas de sentido de pertenencia, de motivación, de liderazgo e intolerancia. Por todo ello, el texto es ideal, puesto que potencia al individuo; lo conecta con sus destrezas y capacidades necesarias, con la intención de lograr el éxito.

Al mismo tiempo, es una obra que lleva a reflexionar sobre lo alusivo con la vida diaria, por intermedio de un manual con definiciones, aclaratorias, ejemplos y ejercicios, el cual va guiando a un seguro crecimiento y exhibe varias maneras de analizar y proceder de forma asertiva y efectiva, obteniendo así un bienestar emocional y social.

Por consiguiente, la teoría que envuelve "La Psicología del Éxito" se desenvolvió en los planes de intervención y actividades con el objetivo de fortalecer la motivación, el sentido de pertenencia, el liderazgo y la tolerancia de los integrantes del CLAP que pertenecen al Consejo Comunal La Aguada del Municipio Palavecino del estado Lara.

Justificación

En toda estructura organizacional, es trascendental instaurar condiciones que permitan un contexto laboral apropiado, que ofrezca a los integrantes alicientes que a su vez impliquen el cumplimiento comprometido y responsable de sus desempeños propios y grupales oportunos, y que constituyen parte de las funciones generales en su equipo de trabajo.

Por eso, se espera establecer la importancia que demanda la intervención psicológica de la comunidad, en el caso de las partícipes del Comité Local de Abastecimiento y Producción CLAP La Aguada. Palavecino. Estado Lara.

En este particular, el abordaje en el ámbito comunitario contó con la necesidad de formar, mostrar y orientar a las comuneras en lo que se reseña con los problemas diagnosticados en el transcurso de evaluación, tales como son la falta de motivación, del sentido de pertenencia, de liderazgo e intolerancia.

De manera que se proporcionará una intervención destinada a cada una de las dificultades expuestas que existen dentro de esta estructura y que tienen incidencias en lo social, en lo físico y en lo mental. Cabe destacar que cuando se trata de estos tipos de problemáticas, se instaura un ambiente de trabajo insufrible y que a veces se torna conflictivo.

Por ello, con el objetivo de encontrar soluciones viables a esta situación compleja, se llevarán a cabo actividades enriquecedoras orientadas a transformar el escenario previamente descrito. Estas acciones estarán respaldadas por la implementación de planes o programas de intervención, que se ejecutarán mediante un plan de acción estructurado. Cada estrategia se desarrollará a través de talleres que abordarán diversas definiciones, tipos y técnicas, con el propósito de fortalecer el desempeño en la labor social de los participantes.

En consecuencia, el cumplimiento de estas actividades favorecerá a recuperarse de las problemáticas expuestas, debido a que la motivación es primordial en cualquier área en que el ser humano se desenvuelva; y cuando se emplea en el contexto laboral, se puede conseguir que los sujetos motivados, colaboren en equipo de modo efectivo, eficaz y asertivo.

PLANES DE INTERVENCIÓN

En lo que respecta a los procedimientos de intervención, se realizó en un total de 12 semanas, de las cuales en 10 sesiones se abordaron a los comuneros del CLAP y, en los lapsos 11 y 12, se culminó con el informe y la presentación de este.

Es necesario acotar que se toman las pautas dadas a seguir por el docente interventor de la asignatura, el Lic. R. Rodríguez. Ahora bien, el abordaje de los objetivos propuestos se efectuó con el apoyo de estrategias, técnicas y actividades consiguientes:

1. FASE. Diagnóstico de la comunidad

SEMANA 1

Objetivo específico:

Diagnosticar las necesidades o problemáticas que se evidencian dentro de la comunidad de La Aguada a través de encuentros, entrevistas, mapeos y otros.

Técnicas:

- ✓ Compilación de datos: exploración de archivos, observación, entrevista e información anecdótica.

- ✓ Análisis de datos: análisis de contenido.

- ✓ Participativas de análisis: matriz FODA.

Actividades:

✓ Observaciones; encuentros con algunos colaboradores; mapeo de la comunidad; entrevistas para indagar la ubicación geográfica, entre otras cosas; características socioculturales, educación, salud, recursos, problemas y necesidades.

SEMANA 2

Objetivo específico:

Caracterizar los ámbitos socioculturales, educación, salud, recursos, problemas y necesidades con el uso del Focus Group y de la matriz FODA.

Actividades:

✓ Diagnóstico participativo con la técnica del Focus Group con la participación de los líderes.

✓ Construcción de la Misión y Visión con los miembros. Aplicación de la Matriz FODA.

SEMANA 3

Objetivo específico:

Elaborar una cartelera alusiva a "El Rol del Psicólogo en la comunidad".

Actividad:

✓ Solicitud de colocación, investigación, elaboración, organización del material, entre otras cosas.

2. FASE. *Características del CLAP*

SEMANA 4

Objetivo específico:

Determinar las actividades y la organización del CLAP.

Técnicas:

- ✓ Compilación de información: exploración de archivos, observación, entrevista e información anecdótica.

- ✓ Análisis de datos: análisis de contenido.

- ✓ Participativas de análisis: matriz FODA.

Actividades:

- ✓ Observación directa de la conducta de los miembros en los diversos contextos (salud, social y educativo).

- ✓ Entrevista con los individuos acerca de las funciones, actividades y organización.

- ✓ Recolección de datos de la comunidad, para lo cual se solicitó el censo de esta.

3. FASE. *Evaluación de necesidades del CLAP*

SEMANA 5

Objetivo específico:

Evaluar las necesidades que se evidencian dentro de la comunidad por medio de la aplicación de una encuesta.

Técnicas:

✓ Compilación de datos: exploración de archivos, observación, entrevista e información anecdótica.

✓ Análisis de datos: análisis de contenido.

✓ Participativas de análisis: matriz FODA.

Actividades:

✓ Observación directa de la conducta de los miembros y se apoyó en ordenar el censo de la comunidad.

✓ Se ayudó con el registro de los datos comunitarios, junto con un integrante de este, para verificar la data de adultos mayores, enfermos, niños de 0 a 1 año, de 2 a 12 años de edad y así de modo sucesivo.

✓ Se comenzó con la elaboración del instrumento, el cual se va a aplicar a los participantes.

✓ Continúa la colaboración en el asiento de la información del padrón, en conjunto con una colaboradora en los ámbitos social, salud y educativo.

✓ Se prosigue con la ayuda en la recolección de notas del empadronamiento.

✓ Se administró la encuesta.

✓ Se ejecutó el análisis del sondeo aplicado con la realización de los gráficos, cuadro y pertinente razonamiento.

4. *FASE. Diseño y planificación de la intervención*

SEMANA 6

Objetivo específico:

Hacer el Informe de Intervención Comunitaria del Consejo Comunal La Aguada - CLAP.

Actividades:

- ✓ Se inicia la elaboración de informe, realizando el análisis a las observaciones, entrevista y encuesta a los comuneros; Reseña Histórica de la comunidad de La Aguada; Visión y Misión; Descripción de la problemática; Objetivo General de la Intervención y objetivos específicos; Libro escogido "La Psicología del Éxito" y el estudio de la teoría; aquí se perfiló una serie de técnicas o estrategias para reformar el problema o que conste una transformación en el contexto comunitario gracias al diagnóstico que se estipuló inicialmente.

5. *FASE. Evaluación inicial*

SEMANA 5

Técnicas:

- ✓ Compilación de fundamentos: observación

participante, entrevista e información anecdótica.

✓ Análisis de datos: análisis de contenido.

✓ Participativas.

Actividades:

✓ En la última pregunta de la encuesta, a los miembros se les dijo que indicaran las actividades que les gustaría que fueran ofrecidas. En el análisis se evidencia que la gran mayoría requirió de la intervención con el apoyo de talleres; por otro lado, se pidió exponer que sí creen que son adecuadas las técnicas que se forjan en el proyecto. Las mismas fueron estudiadas y discutidas con el docente profesional de psicología encargado de la materia.

6. FASE. Ejecución e implementación

SEMANAS DEL 7 AL 10:

Técnica:

Participativa.

Actividad:

✓ Los planes de intervención están estructurados con los inmediatos criterios: Objetivo específico; Días y fechas; Actividad; Recursos y Tiempo.

7. FASE. De Evaluación final

SEMANAS DEL 7 AL 10:

Técnicas:

- ✓ Compilación de datos: observación participante e información anecdótica.

- ✓ Análisis de datos: análisis de contenido.

- ✓ Participativas.

Actividades:

- ✓ Los lunes se analizan los alcances obtenidos de la sesión anterior. Se procuró comprobar, de manera sistemática e imparcial, la validez, relevancia e impacto del plan de intervención, a la luz de los objetivos.

8. *FASE. Diseminación de los resultados*

SEMANAS DEL 7 AL 10:

Técnicas:

Participativas.

Actividades:

- ✓ Los viernes se realizó una evaluación a las investigadas al finalizar cada uno de los talleres y se analizaron, para chequear, si se acertaron las técnicas, alcanzando los efectos finales. Vale la pena señalar que solicitaron una práctica de relajación, tomando en cuenta la solicitud y de ese modo, cumpliendo con otra pauta de estrategia, se efectuó la misma en la última sesión.

De seguida, se exponen los planes de intervención de las semanas del 7 al 10:

SEMANA 7

Objetivo específico:

Crear un plan de intervención en el cual adquieran herramientas que les ayuden a liderar con éxito, conociendo sus componentes, las mentiras y excusas, y el querer es poder.

Días y fechas:

Desde el lunes 16/10/17 hasta el viernes 20/10/17.

Actividades:

- ✓ Planificación del taller de cómo liderar con éxito; sus diversos componentes; las mentiras y excusas; y el querer es poder.

- ✓ Indagación y análisis sobre la problemática, conforme a la necesidad identificada.

- ✓ Elaboración y organización del material a exhibir en el taller.

- ✓ Continuar con la elaboración del recurso visual y las técnicas y dinámicas a emplear para el inicio y el cierre de este.

- ✓ Ejecución del talle: *El liderazgo*. Diseminación de los resultados.

Recursos:

- ✓ Humanos: Personales.

- ✓ Materiales: Miniordenador portátil y el libro, la "Psicología del Éxito". Manual de Técnicas y Dinámicas; hojas, lápices y presentación en PowerPoint, TV y DVD; mesas y sillas.

Tiempo:

7 a. m. a 12 m. (total de 20 h), 10 a. m. a 12 m. (2 h).

SEMANA 8

Objetivo específico:

Desarrollar un plan de intervención que describa las actitudes que limitan el sentido de pertenencia.

Días y fechas:

De lunes 23/10/17 al viernes 27/10/17.

Actividades:

- ✓ Planificación de las actitudes que limitan el sentido de pertenencia y evaluación del taller: El liderazgo.

- ✓ Búsqueda y estudio de la materia a mostrar en el taller, por supuesto, con la necesidad que demanda la agrupación.

- ✓ Elaboración y organización del material a presentar en el taller.

- ✓ Proseguir con el recurso visual, las técnicas y dinámicas a emplear para el inicio y el cierre de este.

- ✓ Presentación del taller: *El sentido de pertenencia.* Diseminación de los resultados.

Recursos:

- ✓ Humanos: Personales.

- ✓ Materiales: Miniordenador portátil y el libro, la "Psicología del Éxito". Manual de Técnicas y Dinámicas; mesas y sillas; hojas, lápices y presentación en PowerPoint, TV y DVD.

Tiempo:

7 a. m. a 12 m. (20 horas) 10 a. m. a 12 m. (2 h).

SEMANA 9

Objetivo específico:

Realizar un plan de intervención centrado en promover los mapas del éxito con la meta de disminuir la falta de motivación.

Días y fechas:

Desde el lunes 30/10/17 hasta el viernes 03/11/17.

Actividades:

- ✓ Planificación del taller: Los Mapas del Éxito a fin de disminuir la falta de motivación y evaluación del taller anterior.

- ✓ Información y estudio del contenido a enseñar en el taller según la necesidad identificada por el grupo.

✓ Elaboración y organización del material a exhibir en el taller.

✓ Seguir con la presentación, al igual que las técnicas y dinámicas a emplear para el inicio y el cierre de esta.

✓ Realización del taller: *La motivación.* Diseminación de los resultados.

Recursos:

✓ Humanos: Personales.

✓ Materiales: Miniordenador portátil y el libro, la "Psicología del Éxito". Manual de Técnicas y Dinámicas. Hojas, lápices y presentación en PowerPoint, TV y DVD; mesas y sillas.

Tiempo:

7 a. m. a 12 m. (20 horas) 10 a. m. a 12 m. (2 h).

SEMANA 10

Objetivo específico:

Efectuar un plan de intervención con el propósito de minimizar la intolerancia al poner en práctica el lado metafísico.

Días y fechas:

De lunes 06/11/17 al viernes 10/11/17.

Actividades:

✓ Planificación orientada al ámbito metafísico,

abordando la fe, el perdón, la generosidad, la gratitud, etcétera; junto con la evaluación del taller efectuado.

✓ Investigación y estudio del argumento a presentar en el taller conforme a la necesidad identificada por el equipo.

✓ Elaboración y organización del material a mostrar en el taller.

✓ Prorrogar con la exposición del material, de la misma manera, las técnicas y dinámicas a emplear para el inicio y el cierre de la actividad.

✓ Exposición del taller: *La intolerancia.* Diseminación de los resultados.

Recursos:

✓ Humanos: Personales.

✓ Materiales: Miniordenador portátil y el libro, la "Psicología del Éxito". Manual de Técnicas y Dinámicas; mesas y sillas; hojas, lápices y presentación en PowerPoint, TV y DVD.

Tiempo:

7 a. m. a 12 m. (20 horas) 10 a. m. a 12 m. (2 h).

SEMANA 11

Días y fechas:

Desde el lunes 13/11/17 al viernes 17/11/17.

Actividades:

- ✓ Se efectuó la evaluación del taller: La intolerancia. Elaboración de la presentación de PowerPoint de la defensa de la intervención en la comunidad.

- ✓ Proseguir con la descripción de la Misión y Visión. Problemática. Objetivos. Plan de intervención. Libro que se escogió, entre otros puntos.

- ✓ Prolongar con la elaboración del recurso visual.

- ✓ Practicar la exposición a presentar sobre la comunidad.

- ✓ Chequear las láminas de PowerPoint y seguir trabajando para la grabación del video.

Recursos:

- ✓ Humanos: Personales.

- ✓ Materiales: El informe, equipo de computación, presentación en PowerPoint, TV y teléfono celular.

Tiempo:

7 a. m. a 12 m., cinco días de la semana.

SEMANA 12

Días y fechas:

De lunes 20/11/17 al viernes 24/11/17.

Actividades:

- ✓ Entregar la evaluación institucional a la tutora, la

Lic. G. V.

✓ Producir un video vinculado con la intervención comunitaria.

✓ Verificar que cada hoja de asistencia esté sellada y firmada.

✓ Escanear la página de la concurrencia desde la semana 1 hasta la 12 y la evaluación.

✓ Montar el video en el foro de la universidad, enviando tanto la asistencia como la evaluación institucional.

Recursos:

✓ Humanos: Personales.

✓ Materiales: El informe, equipo de computación, presentación en PowerPoint, TV y teléfono celular.

Tiempo:

7 a. m. a 12 m., cinco días de la semana.

Plan de Acción

Mori (2008) dice: "… debe presentarse las sesiones de trabajo para las acciones a realizar durante la ejecución, ya que éstas serán monitoreadas". (p. 7) Se trata de que, al momento de estructurar las mismas, se tienen que tomar en cuenta los siguientes criterios: Unidad Temática. Contenido. Nro. Participantes Objetivo General. Objetivos Específicos. Objetivo de Sesión o aprendizaje. Técnica. Contenido. Descripción. Recursos. Tiempo. Recomendaciones. Evaluación.

En lo correspondiente con la técnica, se apoyó en las participativas. De este modo, Mendoza (2012) específica: "… es una metodología que nos hace primero vivenciar las cosas, sentirlas para recién después pasar a teorizarlas, porque "lo que no se siente, no se entiende", …". (p. 55); es decir, que estas técnicas como herramienta metodológica apuntalan a generar aprendizajes que se comienzan por el conocer, sentir y convivir de cada ser humano.

Desde luego, se consideraron los principios de las técnicas participativas que, conforme con Mendoza (op. cit.), predomina:

1. Partir de la realidad

2. La actividad

3. Comunicación horizontal

4. Desarrollo de la criticidad

5. Promover la expresión y desarrollo de afectos

6. Propiciar la participación

7. Integralidad

Prestando atención a que el individuo es un ente biopsicosocial, debe estudiarse desde todo punto de vista.

De inmediato, los planes de acción.

Plan de Sesión 1. El Liderazgo

Unidad temática:

El liderazgo a través del éxito, conociendo sus componentes, las mentiras y excusas, y el querer es poder.

Contenido a trabajar:

¿Qué es el éxito? Componentes. Tipos. Las mentiras. Las excusas. Querer es poder.

N. º de participantes: 10, aproximadamente.

Tiempo: 1 hora y media.

Objetivo general:

Preparar planes de intervención que fortalezcan la motivación, el sentido de pertenencia, el liderazgo y la tolerancia, dirigidos a los miembros de la Comunidad de La Aguada. Palavecino. Estado Lara.

Objetivo específico:

Crear un plan de intervención en el cual adquieran herramientas que les ayuden a liderar con éxito, conociendo sus componentes, las mentiras y excusas, y el querer es poder.

Objetivo de sesión o aprendizaje:

Apoyarlo a que logren liderar con éxito, optimizando su desempeño laboral, poniendo en práctica las técnicas y herramientas aprendidas para fortalecer y mejorar el trabajo en equipo.

Técnica:

Participativa

INICIO

Contenido:

Dinámica de inicio: "El Pueblo Manda"

Descripción de la técnica o estrategia:

- ✓ Dar la bienvenida.

- ✓ Sin dilación, se principiará con la dinámica que consiste en suministrar diferentes órdenes, que deben ser cumplidas, por la consigna; a modo de ejemplo, "El pueblo manda que se pongan de pie". Solo cuando diga la orden puede ejecutarse. Se pierde si no la cumple o si obedece sin haber dicho previamente la misma.

- ✓ Las instrucciones se darán lo más rápido posible: "El pueblo manda que se sienten… Salten… Brinquen con un pie… Aplaudan… agárrense de la mano", así de forma sucesiva. Se expondrá que opinen sobre la actividad, dándose la respectiva pregunta: ¿qué le dejó?

Recursos:

Humanos: Personales.

Tiempo: 15 minutos.

DESARROLLO

Contenido:

¿Qué es el éxito? Componentes del éxito. Tipos de éxitos. Las mentiras del éxito. Las excusas. Querer es poder.

Descripción de la técnica o estrategia:

✓ Se presentarán los puntos del tópico con el apoyo de diapositivas. A medida que se culmina con el contenido, se solicita que cumplan con los referidos ejercicios desde el 1 hasta el 5. A los mismos, se les facilitará un tiempo moderado hacia su cumplimiento y se les abastecerá de una libreta y lápiz.

✓ Se dará el uso de la palabra para que explique con ejemplo de la vida cotidiana, en específico, de la organización, sobre cómo alcanzar logros estables y satisfactorios, sin causar daño en su realización. A lo que deben:

– Dar ejemplos de los tipos de éxitos.

– Indicar cuáles son las mentiras del éxito.

– Decir las excusas más empleadas por las personas que conocen.

– ¿Querer es poder? Sí o no.

Recursos:

✓ Humanos: Personales.

✓ Materiales: Monitor, miniordenador portátil, mesas, sillas, hojas blancas, bolígrafos y lápices.

Tiempo: 60 minutos.

CIERRE

Contenido:

Dinámica de cierre: El PNI (*Positivo, Negativo e Interesante*).

Descripción de la técnica o estrategia:

✓ Finalmente, se ejecutará la dinámica en la que piensen en lo *Positivo* de la sesión. Por intermedio de una ronda, cada una expresa su criterio; esto se refleja en la pizarra. A continuación, se solicitará su opinión sobre lo *Negativo* y se finalizará con lo *Interesante*.

✓ Se terminará el taller con el presente mensaje de reflexión:

"No es necesario empeñarse en lograrlo todo. Basta con hacer de la mejor manera posible, aquello que nos toque hacer por ley de vida." Yagosesky Renny.

Recursos:

✓ Humanos: Personales.

✓ Materiales: Pizarrón, tizas y borrador.

Tiempo:

15 minutos.

Evaluación:

Ejercicios prácticos y participación.

Plan de Sesión 2. El Sentido de Pertenencia

Unidad temática:

Las actitudes que limitan el sentido de pertenencia.

Contenido a trabajar:

Conceptos. Conceptualización y ejercicios prácticos en lo pertinente con las actitudes que lo limitan: la queja, la crítica, la envidia, el egoísmo, la ingratitud, el pesimismo, la flojera.

N. º de participantes: 10, aproximadamente

Tiempo: 1 hora y 10 minutos

Objetivo general:

Diseñar planes de intervención que fortalezcan la motivación, el sentido de pertenencia, el liderazgo y la tolerancia, dirigido a los miembros de la comunidad de La Aguada. Palavecino. Estado Lara.

Objetivo específico:

Desarrollar un plan de intervención que describa las actitudes que limitan el sentido de pertenencia.

Objetivo de sesión o aprendizaje:

Lograr que los individuos que trabajan en la organización adquieran herramientas que los ayuden a poseer sentido de pertenencia, mejorando de esa forma el trabajo en equipo.

Técnica:

Participativa

INICIO

Contenido:

Dinámica de inicio: "Mar Adentro y Mar Afuera"

Descripción de la técnica o estrategia:

✓ Se dará la salutación. A continuación, se comenzará con la dinámica.

   A. Se pedirá que se ponga de pie y se ubicará en una fila.

   B. A sí mismo se marcará una línea en el suelo que representará la orilla del mar. Las partícipes deben ponerse detrás de ella.

   C. Cuando diga "mar adentro", todos darán un salto hacia delante sobre la raya. A la voz de "mar afuera", brincarán hacia atrás de la marca. Los que se equivoquen saldrán del juego.

✓ Se exhortará a que opinen sobre la actividad. En donde se hará la continua consulta: ¿qué les dejó la dinámica?

Recursos:

Humanos: Personales.

Tiempo: 10 minutos.

DESARROLLO

Contenido:

Concepto del sentido de pertenencia. Conceptualización y ejercicios prácticos alusivos con las actitudes que lo limitan.

Descripción de la técnica o estrategia:

✓ Se arrancará con la presentación de PowerPoint de las cuestiones sobre el *Sentido de Pertenencia*, así como de las actitudes que lo limitan.

✓ Al efectuar el análisis vinculado a la importancia de este y de cada una de las conductas limitantes, se pedirá que realicen los respectivos ejercicios desde el 1 hasta el 7; para eso, se cederá un tiempo prudencial de su ejecución y se proveerá de una libreta y lápiz.

✓ Se dará el uso de la palabra con el propósito de que intervengan con ejemplo de la vida diaria, en especial, de la organización.

Recursos:

✓ Humanos: Personales.

✓ Materiales: Monitor, miniordenador portátil, libreta de hojas, lápices, mesas y sillas.

Tiempo:

45 minutos.

CIERRE

Contenido:

Dinámica de cierre: "La Palabra Clave"

Descripción de la técnica o estrategia:

✓ Para culminar, se desarrollará la dinámica.

    A. Se le dirá al grupo que cada uno exprese con una palabra lo que piensa o siente en relación con la sesión que se ha trabajado.

    B. Iniciar la ronda. Se debe recoger, de carácter minucioso, cada palabra mencionada y quién la dijo.

✓ Se concluirá el taller con el sucesivo mensaje de meditación:

"Los hombres buenos son objetos de la calumnia de los mezquinos. Son blanco de la maldad, la envidia, los celos, la calumnia y el abuso de los malvados".

Sathya Sai Baba

Recursos:

Humanos: Personales.

Tiempo:

15 minutos.

Evaluación:

Ejercicios prácticos y participación.

Plan de Sesión 3. La Motivación

Unidad temática:

Los mapas del éxito en dirección a disminuir la falta de motivación.

Contenido a trabajar:

Los mapas del éxito por medio de la consciencia, confianza, responsabilidad, voluntad, disciplina y la ecología.

N.º de participantes: 10, aproximadamente

Tiempo: 1 hora y 20 minutos

Objetivo general:

Diseñar planes de intervención que fortalezcan la motivación, el sentido de pertenencia, el liderazgo y la tolerancia, dirigido a los miembros del CLAP que pertenecen al Consejo Comunal La Aguada del Municipio Palavecino del Estado Lara.

Objetivo específico:

Realizar un plan de intervención centrado en promover los mapas del éxito con la meta de disminuir la falta de motivación.

Objetivo de sesión o aprendizaje:

Fomentar el uso de los mapas de éxito para que los pongan en práctica y, de esta manera, fortificar su motivación.

Técnica:

Participativa

INICIO

Contenido:

Dinámica de inicio: "El Correo"

Descripción de la técnica o estrategia:

✓ Saludar a las colaboradoras. Seguidamente, se empezará con la dinámica:

A. Se formará un círculo con todas las sillas, una por cada participante, menos uno, quien se quedará de pie parado en la mitad del redondel e iniciará el ejercicio.

B. El del medio recomendará; por ejemplo, "Traigo una carta para todos los compañeros que tienen bigotes"; el total de los colaboradores que tengan bigotes deben cambiar de sitio. El que está en la mitad tratará de ocupar una silla. El que se queda sin asiento pasará al centro y hará lo mismo, inventando una característica nueva.

✓ Se indicará a los concurrentes que opinen sobre la dinámica, preguntándoles: ¿qué les dejó esta actividad?

Recursos:

Humanos: Personales.

Tiempo:

10 minutos

DESARROLLO

Contenido:

Los mapas del éxito por medio de la consciencia, confianza, responsabilidad, voluntad, disciplina y la ecología.

Descripción de la técnica o estrategia:

- ✓ Se expondrán los diferentes puntos del argumento a través de diapositivas. De próximo, de los análisis sobre los mapas del éxito, se solicitará que realicen los respectivos ejercicios desde el 1 hasta el 6, para lo cual se proporcionará una libreta y lápiz. Por eso, se facilitará un tiempo prudencial con el fin de llevar a cabo su cumplimiento.

- ✓ Se proveerá del uso de la palabra para que intervengan con ejemplo de la vida cotidiana.

Recursos:

- ✓ Humanos: Personales.

- ✓ Materiales: Monitor, miniordenador portátil, libreta de hojas, lápices, mesas y sillas.

Tiempo:

60 minutos

Contenido:

Dinámica de cierre: "Mirada Retrospectiva".

Descripción de la técnica o estrategia:

✓ Con el cometido de concluir, se desarrollará la dinámica. Se presentarán los siguientes interrogantes, a fin de que sean respondidos de manera individual:

- ¿Me gustó?

- ¿No me gustó?

- ¿Qué aprendí?

- ¿Cómo la pasé?

✓ Se finalizará el taller con los pensamientos:

"Traten a los demás como ustedes quisieran ser tratados." Mateo 7:1

"Lo que le hagas a otros te lo haces a ti. Todos estamos en la misma red". Renny. Yagosesky

Recursos:

Humanos: Personales.

Tiempo:

10 minutos.

Evaluación:

Ejercicios prácticos y participación.

Plan de Sesión 4. La Intolerancia

Unidad temática:

El lado metafísico, como la fe, el perdón, la generosidad, la gratitud y demás.

Contenido a trabajar:

De qué manera menguar la intolerancia al llevar a la práctica el lado metafísico, como son la fe, el perdón, la generosidad, la gratitud, entre otros.

N.º de participantes: 10, aproximadamente

Tiempo: 1 hora y 10 minutos

Objetivo general:

Diseñar planes de intervención que fortalezcan la motivación, el sentido de pertenencia, el liderazgo y la tolerancia, dirigido a los miembros del CLAP que pertenecen al Consejo Comunal La Aguada del Municipio Palavecino del Estado Lara.

Objetivo específico:

Efectuar un plan de intervención con el propósito de minimizar la intolerancia al poner en práctica el lado metafísico.

Objetivo de sesión o aprendizaje:

Ayudar a aminorar la intolerancia de los que laboran en la organización de la comunidad con la resolución de que logren trabajar en concordancia y armonía.

Técnica: Participativa.

INICIO

Contenido:

Dinámica de inicio: "El Juego de los Cubiertos".

Descripción de la técnica o estrategia:

- ✓ Recibir a los colaboradores. De inmediato, se empezará con la dinámica. Se explicará el juego dando las características de cada uno de los cubiertos:

  - El tenedor: pincha, desgarra, molesta. Si se arrima, lo hace hiriendo; deja a los demás resentidos.

  - La cuchara: empuja, anima, lo hace suavemente, sin herir, reúne, facilita las cosas, recoge lo disperso.

  - El cuchillo: corta, separa, divide, aísla, hiere.

- ✓ En seguida, se invitará a reflexionar:

  ¿Qué papel desempeña usted en su vida: tenedor, cuchara o cuchillo? ¿Cuál de las características de uno o de otro reconoce en Ud.? Intenté definirse.

Recursos:

Humanos: Personales.

Tiempo:

10 minutos.

DESARROLLO

Contenido:

Mermar la intolerancia al practicar el lado metafísico, como son la fe, el perdón, la generosidad, la gratitud y los demás.

Descripción de la técnica o estrategia:

- ✓ Se comenzará con la presentación de PowerPoint en consideración de cómo disminuir la intolerancia al ejercitar el lado metafísico.

- ✓ Al intervalo de culminar las respectivas exposiciones sobre la intolerancia, se solicitará que efectúen las reflexiones y los respectivos ejercicios desde el 1 hasta el 6. Para eso, se facilitará un tiempo moderado de terminación y se suministra una libreta y un lápiz.

- ✓ Se dará el uso de la palabra con el ánimo de exponer con ejemplo de la vida habitual, en específico, de la organización, su apreciación de cómo puede disminuir la intolerancia.

Recursos:

- ✓ Humanos: Personales.

- ✓ Materiales: Monitor, miniordenador portátil, libreta de hojas, lápices, mesas y sillas.

Tiempo:

45 minutos.

Contenido:

Dinámica de cierre: "Técnica de Relajación".

Descripción de la técnica o estrategia:

✓ Al finiquitar, se colocará una música suave para desarrollar la dinámica. Comenzar con la relajación y, al acabar, se solicitará que respondan a la cuestión: ¿cómo le pareció este tópico?

✓ Se clausura el taller con la sucesiva reflexión:

"Intenta avanzar paso a paso, mantente alegre, prepárate y aporta al mundo tu "grano de arena". Llénate de vida, de luz, de amor y luego comparte con todos lo que pueda ese fulgor. Pero recuerda, debes dedicarte primero a tu evolución y no corregir a otros. Ocúpate de ti, luego de tus seres queridos y expande hacia otros lo que hayas aprendido y logrado".

Yagosesky Renny

Recursos:

✓ Humanos: Personales.

✓ Materiales: Equipo de sonido, CD con música de relajación y cojines.

Tiempo: 15 minutos.

Evaluación:

Ejercicios prácticos y participación.

RESULTADOS

Diagnóstico:

Acto seguido de generar el análisis de los alcances obtenidos producto de la búsqueda de información en los miembros del CLAP. Se llegó a las posteriores deducciones:

Datos personales y geográficos.

Primero, se especificaron las características de los individuos estudiados:

- En concordancia con la *Edad* de las personas en estudio, estas oscilaron entre una mínima de 24 y una máxima de 48 años. Debido a lo cual, se puede establecer que la edad promedio de las consultadas es de 41, dando un total del 100%.

- En lo que incumbe al *Sexo*, el femenino representa el 100% con una frecuencia de diez (10) integrantes indagadas.

- Vinculado al *Lugar de nacimiento*, el 60% con una recurrencia de seis (6) sujetos que nacieron en Barquisimeto, el 30% con una periodicidad de tres (3) mujeres que son de Cabudare y un 10% con una asiduidad de un (1) sujeto que es del Mayal, facilitando un total del 100%.

- Con referencia al *Estado Civil*, el 50% con una

frecuencia de cinco (5) son casadas, el 40% con una repetición de cuatro (4) son solteras, y un 10% con una periodicidad de un (1) individuo está en una relación de unión libre, proveyendo un 100%.

- Concerniente a la *Religión*, el 70% con una frecuencia de siete (7) son católicas y el 30% con una recurrencia de tres (3) son cristianas, suministrando un total del 100%.

- Relativo a la *Residencia*, La Aguada representa el 100% con una frecuencia de diez (10) estudiadas.

- En lo que atañe a si tienen *Hijos*, el 80 % posee (el 40% con una frecuencia de cuatro (4) con 2 + 30% con una periodicidad de tres (3) con tres descendencias + un 10% con una asiduidad de una (1) que tiene cinco) y el 20% con una repetición de dos (2) mujeres sin proles, con un total del 100%.

- En lo pertinente con el *Nivel de instrucción,* el 70% con una frecuencia de siete (7) posee el grado de bachiller y el 30% con una recurrencia de tres (3) son universitarias, aportando así un total del 100%.

- Inherente a la *Ocupación laboral*, el 60% con una frecuencia de seis (6) son obreras, el 20% con una repetición de dos (2) son administrativos, un 10% con una asiduidad de un (1) sujeto labora como cocinera y el otro 10% con una periodicidad de un (1) individuo es estudiante, con un total del 100%.

Datos de la Comunidad.

Se puntualizaron las características del contexto:

- En lo que se refiere a los *Servicios* con que cuenta la comunidad, el 30% considera que es el Barrio Adentro I, con una frecuencia de tres (3) entrevistados, el 20% advierte la cancha con una recurrencia de dos (2) elementos, un 10% el servicio eléctrico, el 10% transporte público, un 10% gas, un 10% aseo y otro 10% señala agua potable (1 participante por cada un 10%). No obstante, no tienen: teléfonos públicos, módulo policial, cloacas ni casa de Consejo Comunal, con una totalidad del 100%.

- Referente a cómo percibe la *Calidad* de los servicios dentro de la comunidad, el 50% considera que es deficiente, con una frecuencia de cinco (5) encuestadas, y otro 50%, que son regulares, con una periodicidad de cinco (5) colaboradoras, tramitando una totalidad del 100.

Datos del CLAP La Aguada.

Por último, se establecieron las características del Comité Local de Abastecimiento y Producción:

- Atinente a las *Problemáticas* que ocurren con mayor frecuencia, el 30% considera que es la falta de motivación, con una reiteración de tres (3) entrevistados; un 20% indica falta de sentido de pertenencia, otro 20% señala falta de liderazgo y el otro 20% pondera la intolerancia con una asiduidad de (2 partícipes por cada un 20%) y un 10% manifiesta falta de comunicación, siendo una totalidad del 100%.

- En referencia a las *Actividades* que les gustaría que fueran ofrecidas, subrayan los talleres con un 60% con una frecuencia de seis (6) colaboradoras; y todas las anteriores con un 40% con una recurrencia de (4) participantes, proporcionando un total del 100%.

De Intervención:

En el acto de originar el análisis de los logros de la intervención, esta se apoyó en los objetivos planteados (general y específico), antedichos con anterioridad. Los cuales se ejecutaron por intermedio de talleres ofrecidos a los miembros del CLAP en donde se cumplieron diversas acciones y dinámicas, enfatizando como herramienta "La Psicología del Éxito" a través de las distintas definiciones, tipos, técnicas y ejercicios. Las mismas se dieron mediante las psicoterapias social-grupal y comunitarias.

Más adelante, se presentan las actividades, ejercicios, evaluación y reflexión de estos:

El éxito

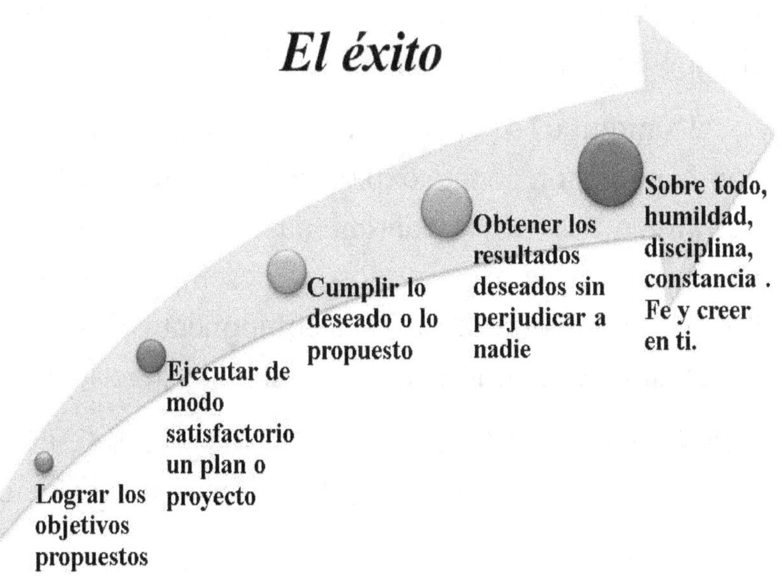

El Liderazgo

Se dio la apertura con la dinámica "El Pueblo Manda". Al terminar, se instó a que opinaran de la actividad; para ello, se preguntó:

¿Qué les dejó?, a lo cual respondieron:

"Me gustó", "Tenía tiempo que no jugaban", "Es divertido", "Me recordó la escuela", "Disfruté del juego", "Que hay que estar atenta a las órdenes", "Encantada con el juego porque todas intervenimos", "Que podemos jugar todas", "Que reímos", "Me

pareció bien, porque cumplimos las indicaciones".

Se explican los puntos del argumento por medio de diapositivas. Cuando se concluye con el contenido, se invita a que efectúen los ejercicios descritos; así pues, se ofrece una libreta y un lápiz. Es por ello que se otorga un tiempo prudencial en su realización.

Al finiquitar, se cedió el uso de la palabra a cada una con la intención de que explique, con ejemplo, sobre qué herramientas la ayudarían a liderar con éxito, optimizando de ese modo su desempeño laboral al conocer, entre otras cosas, sus componentes, las mentiras y excusas. A continuación, los ejercicios sugeridos:

Ejercicio 1. Da un ejemplo de cómo conseguir beneficios, sin causar daño en su realización:

____

Ejercicio 2. Indique con ejemplo:

Un éxito grupal: ______________________________

Un éxito esperado: ____________________________

Ejercicio 3. Escriba dos creencias o mentiras sobre el éxito que ha escuchado decir a algún miembro del CLAP o de su comunidad: _______________________

Ejercicio 4. Diga cuál es la excusa más empleada por las personas que conoce o por usted. (Se les recordó que no es necesario decir nombres; sino que expresen sí o no y si desean plantear la situación o contexto donde ocurrió el hecho):

No sé: (_) Da un ejemplo: _______________________

No tengo: (_) Indique una anécdota: _______________

No puedo: (_) Diga un hecho: _________________________

Situación social: (_) Indique un caso: _______________

Ejercicio 5. Diga si es cierto o falso que querer es poder. ¿Por qué? _________________________________

Al culminar, se efectuó la dinámica El PNI (Positivo, Negativo e Interesante), en la cual se exhortó a que pensaran en los aspectos *Positivos* de la sesión. (Ver Anexo D)

Con la ayuda de una ronda, cada una expresa su juicio; estos criterios se escribieron en la pizarra. Entre los que se destaca:

"Es interesante", "Ayuda a pensar lo que uno dice y hace", "Conocer más del tema", "Es muy importante", "Saber sobre las excusas y mentiras", "Es un aprendizaje", "Con ganas de saber más", "Bueno", "Interesante", "Se aprende".

A posteriori, se solicitó su opinión sobre los aspectos *Negativos*: no hubo ninguno.

Y, con lo *Interesante*, a lo cual manifestaron:

"La importancia del liderazgo"; "Practicar lo aprendido"; "Conocer cada tema"; "Los ejercicios"; "El poner más atención a la gente"; "Ponerlo en práctica"; "Tomar en cuenta a las personas, que

todos somos importantes"; "Nos hace recapacitar de nuestra labor social"; "Todo fue interesante".

Se terminó el taller con un mensaje de reflexión.

Es de señalar que al inicio comenzaron a participar con timidez. Se miraban entre sí, viendo quién era la primera en conversar. Pronto, se animó a dialogar. Para ello, se hicieron diversas interrogantes adecuadas al tópico; por ejemplo:

¿Cómo se sienten por la confrontación que se les presenta con sus compañeras?

¿Sería un éxito grupal mejorar esa situación?

A medida que se avanzaba, se veían menos inquietas, logrando consumar las actividades, hasta el punto de que reían y compartían hechos o situaciones.

En consideración con la valoración en que se estima cantidad y calidad del taller, se tomaron los juicios:

- Positivo: muy alto.
- Negativo: ninguno.
- Interesante: muy alta.

Referente a eso, se desprende que fue muy alta.

El Sentido de Pertenencia

Se emprendió con la dinámica "Mar Adentro y Mar Afuera". Se les indicó que opinen sobre la misma, respondiendo: ¿Qué les dejó esta actividad?, manifestando:

"Hay que estar pendiente", *"Escuchar las instrucciones"*, *"Me divertí"*, *"Muy bueno, hay que estar atenta"*, *"Que es importante disfrutar juntas"*, *"Me pareció bien"*, *"El agarrarnos de las manos para brincar todas juntas"*, *"Me gustó jugar"*, *"Que*

*todas participamos en la dinámica y nos reímos",
"Me gustó compartir con las chicas y disfruté de
jugar".*

Acto continuo del análisis referido con la importancia
del sentido de pertenencia como de cada una de las
actitudes limitantes; se requirió que ejecutaran los
respectivos ejercicios, por lo que se proveyó de una
libreta y un lápiz.

De igual manera, se concedió un tiempo prudencial
con el fin de que las hagan.

Ejercicio 1. Anote dos consecuencias del hábito de
quejarse: _________________________________

Ejercicio 2. Escriba una recomendación para evitar
criticar: _________________________________

Ejercicio 3. Indique, ¿qué beneficio le trae el envidiar
a las demás? _________________________________

Ejercicio 4. Diga, ¿qué es el egoísmo para usted? __

Ejercicio 5. Piense y anote en qué momento se sintió
afligida por la ingratitud: _________________________

Ejercicio 6. ¿Usted estaría en la disposición de
eliminar el pesimismo de su vida? _______________

Ejercicio 7. Diga dos cosas que va a cumplir para
superar ese lapso de flojera que a veces lo domina:

____

Finalmente, se desarrolló la dinámica "La Palabra

Clave": se le platicó al grupo que cada uno diga con una expresión lo que piensa o siente con respecto a la sesión que se ha trabajado. (Ver Anexo E)

Se inició la ronda resaltando las sucesivas respuestas:

"Interesante", *"Importante"*, *"Bien"*, *"Aprendizaje"*, *"Excelente"*, *"Motivada"*, *"Conveniente"*, *"Adecuado"*, *"Enseñanza"* e *"Interesada"*.

Se concluyó el taller con un mensaje de meditación.

Se cedió el uso de la palabra con miras a que intervengan. Al principio, se mostraron indecisas en participar. Por eso, se motivó a conversar y compartir las respuestas dadas. De ahí que se dialogara sobre los interrogantes:

¿Qué actitudes creen que limitan el sentido de pertenencia?

¿Cómo afecta el trabajo en equipo?

Enseguida, una a una, comenzó a nombrarlas y dar los respectivos casos o hechos relacionados con los mismos.

En lo vinculado con la estimación, en la cual se evalúa cantidad y calidad del taller, se tomaron en cuenta los aspectos anteriormente mencionados, tales como: *Interesante, Importante, Aprendizaje y demás.*

Con ello, se infiere que fue muy aceptable el mismo.

La Motivación

Se dio la bienvenida y se abordó con la dinámica "El Correo".

Al concluir, se demandó que comenten la misma, por lo cual se preguntó:

¿Qué les dejó esta actividad?, a la cual dijeron:

"Muy divertido porque tuve que buscar algo que tuviéramos todas; por esa razón indiqué: Traigo una carta para todos los que tienen zapatos negros", "Me ubiqué en una situación de la comunidad, a eso dije:

Traigo una carta para los habitantes que no tienen agua", "Excelente: Traigo una carta para las que son del callejón El Porvenir", "Se debe prestar atención por si toca cambiar de silla, dije: Traigo una carta para los que son hijos de obrero", "Me gustó el juego para repetirlo: Traigo una carta para las que tienen el cabello corto", "Divertido: Traigo una carta para las que tienen pantalón azul", "Hay que estar pendientes: Traigo una carta para las que no tienen cloacas", "Muy bueno: Traigo una carta para las que tienen el cabello pintado", "Interesante: Traigo una carta para las que desayunaron", "Se puede usar en cualquier reunión, dije: Traigo una carta para las que tienen cabellos oscuros".

Después de exponer los mapas del éxito (consciencia, disciplina, responsabilidad, voluntad, confianza, y la ecología), se pidió que realicen los respectivos ejercicios, para lo mismo, se facilitó una libreta y un lápiz, proveyendo de un tiempo prudencial con la finalidad de que los efectúen y, luego, se concedió el uso de la palabra con el propósito de que participen. A continuación, las instrucciones dispuestas:

Ejercicio 1. Cierre los ojos y respire lentamente. Diga, ¿en este justo momento, puede decir qué emoción siente? _______________________________________

Ejercicio 2. Anote sus más grandes capacidades, habilidades o cualidades que tenga: _______________

Ejercicio 3. Escriba en qué sitio le cuesta asumir más su responsabilidad: ___________________________

Ejercicio 4. Diga en qué actividad muestra máxima voluntad: ___________________________

Ejercicio 5. Indique dos espacios o áreas de su vida en los cuales cree preciso proceder con mayor disciplina: ___________________________

Ejercicio 6. Para orientar la acción del éxito en lo ecológico ¿Qué se debe evitar? ___________________________

En definitiva, se desarrolló la dinámica "Mirada Retrospectiva". En el que se presentaron las consecutivas interrogantes:

- ✓ ¿Me gustó? En la cual todas declararon que *"Sí"*.

- ✓ ¿No me gustó? *No hubo respuesta.*

- ✓ ¿Cómo la pasé? *"Muy bien"; "Excelente"; "Motivada"; "Interesada"; "Bien"; "Atenta por aprender"; "Bien"; "Excelente"; "Muy interesada"; y "Aprendiendo".*

Se finalizó el taller con un pensamiento. (Ver Anexo F).

Es relevante recalcar que, al estar al tanto sobre las pautas del trabajo, se muestran más seguras, relajadas, tranquilas e intervienen con mayor soltura, sin problema ni dificultad, compartiendo experiencias, hechos o dando ejemplo.

Con la apreciación en que se valora cantidad y calidad del taller, se consideraron las continuas referencias:

✓ ¿Me gustó? Con una totalidad de *"Sí"*.

✓ ¿No me gustó? Ninguna respuesta.

✓ ¿Cómo la pasé? *Excelente; Muy bien; Bien.*

Por lo tanto, se deduce que se aprobó la misma.

TALLER 4. LA INTOLERANCIA

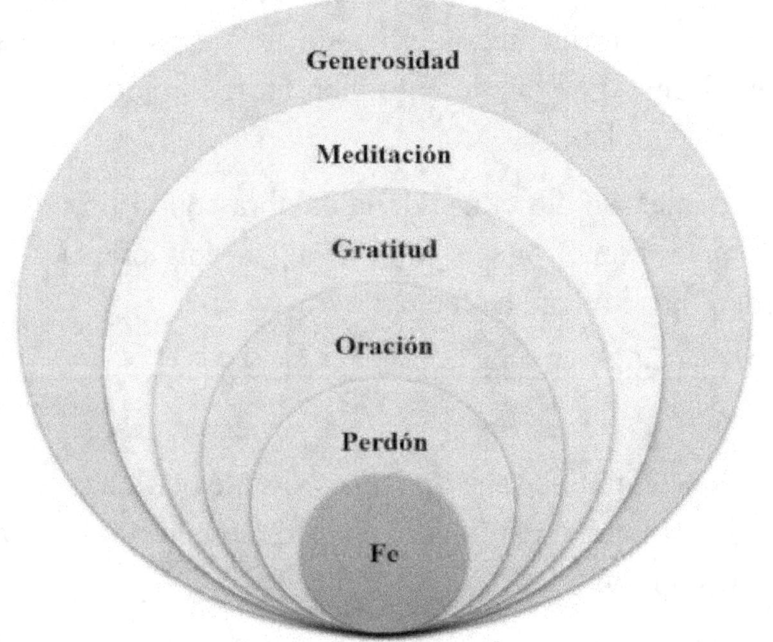

La Intolerancia

Se procedió con la dinámica "El Juego de los Cubiertos", en que se describieron las particularidades de cada uno. Al finalizar la misma, se invitó a reflexionar sobre: ¿Qué papel desempeña usted en su vida (*tenedor, cuchara o cuchillo)?* ¿Cuáles de las características de uno o de otro reconoce en Ud.? Intenté definirse. Todas intervinieron; algunas se reían nerviosamente, otras fueron muy directas para describirse y sus compañeras asentían afirmando sus descripciones. Seis se detallaron como *cuchara* y cuatro como *tenedor*.

Se comenzó con la presentación de las láminas sobre cómo disminuir la intolerancia al aplicar el lado metafísico. Al instante de terminar las respectivas presentaciones, se instó a que efectúen las reflexiones y ejercicios pertinentes, facilitando un tiempo moderado con el objeto de que lo culminen y proporcionando una libreta y un lápiz.

Además, se dio el uso de la palabra con el fin de que exponga cómo puede minimizar la intolerancia. En orden, la actividad a efectuar:

Ejercicio 1. Reflexione y escriba, ¿qué es la fe para usted? ____

Ejercicio 2. Se sabe que no es simple perdonar; ahora bien, ¿a quién perdonaría en este momento y así darle otra oportunidad? ___________________________________

Ejercicio 3. Piense, en tres ocasiones, en lo que usted fue caritativo, comprensivo o mostró compasión; o sea, que ayudó sin exigir nada a cambio: _____________

Ejercicio 4. Recuerda y escribe cuándo manifestaste

tu estima por lo que posee o por lo que se ha obtenido:

____

Ejercicio 5. Indica las veces en que ora o reza al día; pues bien, cuántas ocasiones le agrada hablar con Dios: _______________________________________

Ejercicio 6. Diga si o no ha practicado la meditación: ________ ¿Le gustaría practicar la meditación? ________

Con miras a dar por concluido, se colocó una música suave con el objetivo de llevar a cabo la dinámica: se solicitó al grupo que cada uno se siente en una posición cómoda, con los antebrazos apoyados en los muslos y las piernas ligeramente separadas, apoyando los pies en el suelo. A la par, deben cerrar los ojos y tratar de concentrarse en las palabras que se dirán:

Se dirigió en un tono de voz suave, monótono y con un ritmo suave: "Aflojen los músculos del brazo izquierdo; los músculos del brazo izquierdo comienzan a relajarse poco a poco; se tornan blandos, flojos, suaves, sueltos, relajados. Poco a poco se van tornando pesados, cada vez más pesados... El brazo izquierdo se torna pesado, pesa, pesa más, y más, y más".

Y de forma sucesiva por cada pierna, el tronco, etcétera. Se continúa diciendo: "Todos los músculos del cuerpo se relajan, flojos, los brazos, las piernas, el cuello, los hombros, la espalda, el tronco, el abdomen, ... Se sienten relajados, tranquilos, deliciosamente relajados y tranquilos, cada vez más relajados y tranquilos. Los brazos se van tornando calientes, cada vez más calientes, agradablemente calientes; se tornan pesados, cada vez más pesados, cada vez más pesados. Esta sensación de calor y peso se va transmitiendo a las piernas; las piernas se van tornando calientes y pesadas ...".

Una vez lograda la relajación, se dijo: "En la medida en que cuente hasta tres, sus músculos se irán recuperando poco a poco, abrirán los ojos y seguirán tranquilos y relajados. Uno, dos y tres". Sin dilación, se exhortó a que respondan a las cuestiones:

¿Qué le pareció este argumento? Las cuales alegaron: *"Genial"; "Excelente"; "Bueno"; "De pensar"; "Interesante"; "Muy bueno"; "Agradable"; "Relajante"; "Un aprendizaje"; y "Muy bueno".*

Se culminó el taller con una reflexión. (Ver Anexo G)

Es de sobresalir que las colaboradoras se notan más desenvueltas, confiadas, intervienen sin conflicto y, al mismo tiempo, lucen muy interesadas en los tópicos que se explican.

CONCLUSIONES

Recapitulando, la psicología comunitaria tiene como determinación el estudio de los diferentes aspectos psicosociales que apoya en guiar, impulsar y, de carácter específico, en resolver inconvenientes y lograr las modificaciones necesarias en esos ámbitos y en mejorar los recursos humanos.

Respecto al rol del psicólogo comunitario, es un agente de cambio aproximado al descubrimiento de capacidades, al poseer habilidades de fortalecer la concientización, la democratización y al poner en práctica estas, y a la transformación en la condición de interpretar, establecer e impactar sobre la existencia de una comunidad.

En lo concernido con la intervención comunitaria, se tuvo la meta de convertir algo a partir de la ejecución de un conjunto de acciones de manera prevista; se efectuó con el cometido de transformar o cambiar una realidad o contexto explícito. En el lugar, se aplicaron diversas herramientas, con el designio de mediar en el curso de las circunstancias acaecidas a los miembros que perturban sus progresos y sus efectos.

Hay que hacer notar que se dio en unión entre ellas y la acción de la interventora, en la cual se involucró una sucesión de pautas que se dio por la planificación, con un objetivo general que fue el diseñar planes de intervenciones que fortalezcan la motivación, el sentido de pertenencia, el liderazgo y la tolerancia, dirigido a las integrantes.

De seguidas, con los objetivos específicos en función de posibilitar la transformación o cambio comunitario, con el objeto de apoyarla en calidad de agente transformador de su propia situación organizacional. En lo que concierne:

Diagnóstico:

- **Datos Personales y Geográficos:** La *Edad* promedio es de 41 años. Son del *Sexo* femenino. El 60% nació en Barquisimeto. Acerca del *Estado Civil*, el 50% son casadas, el 40% son solteras y un 10% está en una relación de unión libre. En la *Religión*, el 70% son católicas y el 30% son cristianas. La zona de *Residencia* La Aguada. Sobre si tienen *Hijos*, el 80 % posee descendientes. En el nivel de *Instrucción* el 70% son bachilleres. En lo tocante a la *Ocupación Laboral,* el 60% son obreras, el 20% son administrativas, un 10% es cocinera y un 10% es estudiante.

- **Datos de la Comunidad:** Los *Servicios* con que cuentan: Barrio Adentro I, cancha, servicio eléctrico, transporte, gas, aseo y agua potable; en cambio, no cuentan con teléfonos públicos, módulo policial, internet, cloacas ni Casa del Consejo Comunal, entre otros. La *Calidad* es deficiente o regular.

- **Datos del CLAP La Aguada:** Las *Problemáticas*

que ocurren con mayor frecuencia son las faltas de motivación con un 30%, sentido de pertenencia con un 20%, liderazgo con un 20%, intolerancia con otro 20% y de comunicación con un 10% y, las *Actividades* que les gustaría que fueran ofrecidas, se tienen los talleres con un 60%.

Intervención:

Referente a este particular, se hizo por intermedio de cuatro talleres dados a los miembros:

1. **El liderazgo.** Se indicó que el éxito es la disposición de emplear de carácter consciente nuestros recursos con el ánimo de conseguir beneficios sólidos y gratos, sin ocasionar daño en su ejecución. De igual forma, eluda las creencias más usuales: "el éxito es muy difícil", "es solo para los hombres", "es para las jóvenes", "es solo para las personas ricas". Evitar las excusas de "No sé", "No tengo", "No debo", "No puedo", "La situación social", "La historia familiar", entre otras. Se recurrió a dialogar con la finalidad de motivarlas, a través de diversas interrogantes adecuadas a la materia. En lo referido a la valoración por parte de las asistentes al taller sobre la cantidad y calidad, se aprecia que fue muy alta la misma.

2. **El Sentido de Pertenencia.** Se resaltó que es una conducta activa del ser humano que ha de estar preparado con la intención de proteger y apoyar a su

grupo y a expresar su afecto a la comunidad de modo público. Por esta razón, se debe respetar y actuar tomando en cuenta la filosofía, las políticas y las normas de la agrupación, que al asumir los compromisos con la colectividad se considere a todas las personas, además de querer, reconocer y valorizar la importancia del equipo y de no perjudicar a estos, entre otras cosas. Es destacable que se veían con indecisión al momento de intervenir, por lo cual se motivó a conversar y compartir las contestaciones suministradas. De igual manera, las estimaciones por parte de las concurrentes del taller infieren que fue muy alta la aceptación de este.

3. **La Motivación.** Se conversó, entre otro asunto referente a la confianza, que es el mejor aliado del éxito. El de creer en uno mismo, que contamos con las capacidades, habilidades y recursos precisos para afrontar favorablemente los desafíos de la existencia. De hecho, al estar al tanto de lo concerniente a las pautas del trabajo, las colaboradoras se muestran más seguras, relajadas, tranquilas e intervienen con mayor soltura, sin problema ni dificultad de compartir sus experiencias, hechos o ejemplos. En concordancia con evaluar el taller, se hizo por medio de la dinámica "Mirada Retrospectiva", en la que se valora cantidad y calidad del propio. Se aprobó.

4. **La Intolerancia.** Se destacó que la fe es una fuerza espiritual, que rige la existencia y mueve montañas. El

perdón involucra admitir, tolerar, reflexionar y, en especial, comprender. No es fácil absolver; con todo, abran el corazón. La generosidad es servir de forma desinteresada, sin esperar nada a cambio; en otras palabras, el que da, recibe. La gratitud es poder agradecer a Dios, a la vida o a la gente con expresiones: Te lo agradezco, gracias, lo aprecio y lo demás. La meditación se da con la ayuda de la relajación, con el intento de lograr la paz interna que permitirá alcanzar a dominar y silenciar los pensamientos. Este hábito los lleva a conectar con el creador. Las indagadas se observan confiadas, sosegadas, participan sin mayor dificultad y se muestran interesadas en la temática que se desenvuelve. Con miras a estimar el taller, se invitó a las colaboradoras que respondieron: ¿cómo le pareció el tema? Con una mayoría de criterios: Muy bueno, interesante, excelente, genial y restantes. Determinando que fue aceptada la misma.

De ahí que, con apoyo en las indagaciones conseguidas, se concluya que la aplicabilidad de un plan de acción basado en la psicología del éxito proporciona fortaleza a la gestión del miembro del CLAP, en el cual se ofrecieron diversas estrategias de afrontamiento ante las situaciones emocionales, para que pueda maniobrar de la mejor forma ante las condiciones de conflicto.

Sin duda, la proximidad al contexto comunitario, particularmente en lo que respecta a la organización de la comunidad, representó una experiencia única e irrepetible. Este ámbito se caracteriza por su complejidad, debido a que exige el compromiso, la responsabilidad y la integración activa tanto de los comuneros como de los habitantes. Todo ello con el firme propósito de alcanzar el bienestar colectivo, mediante el apoyo de planes y programas orientados al beneficio común.

Y, por último, la relevancia de esta primera conexión con la realidad es que se ponen en práctica los conocimientos adquiridos a lo largo de la carrera de psicología. El contacto implica que se tiene que poseer esa inquietud investigativa de observar, precisar, intervenir, valorar y producir conocimiento; más aún, el de apelar a la sensibilidad humana con intenciones de profundizar, entender, comprender y concientizar al grupo en estudio.

SUGERENCIAS

Luego de formalizar el respectivo análisis e interpretación de las deducciones, los cuales arrojaron las conclusiones, dando, por todo ello, las respuestas a los objetivos propuestos. Se tomaron como fundamento, con la resolución de exponer las sucesivas sugerencias:

Lo preliminar es proveer las producciones obtenidas tanto al Consejo Comunal Cooperativa La Aguada como a los sujetos del ámbito del Comité Local de Abastecimiento y Producción (CLAP). En el lugar, se efectuó la intervención comunitaria.

Al Consejo Comunal:

- Cumplir de manera periódica el seguimiento y/o la atención psicológica de los partícipes estudiados con el objetivo de fortalecer y desarrollar habilidades emocionales que beneficien a mejorar tanto el clima laboral como el personal. Estas acciones favorecerán la integración entre ellos y los demás agentes comunitarios, promoviendo una convivencia armónica. Se busca alcanzar el bienestar mental en todos los integrantes, en un entorno donde prevalezcan la tolerancia, el respeto y la cooperación necesarios para el trabajo en equipo.

- Continuar con las solicitudes a las universidades

Yacambú y Universidad Centro Occidental Lisandro Alvarado (UCLA) con la finalidad de que sigan enviando a los estudiantes de la carrera de Psicología a que realicen la intervención y tratamiento psicológico en la comunidad, con el propósito de seguir fortaleciendo la estructura organizativa.

A los miembros del CLAP:

- Enfrentar de manera apropiada las situaciones emocionales; por este motivo, debe ser un buen mediador, que sea capaz de despertar la confianza de las otras personas; esto es, saber escuchar, comprender y ser idóneo para convencer.

- Practicar una actitud de líder exitosa donde demuestre el uso de habilidades y capacidades que ayuden en el ámbito del trabajo comunitario, practicando los ejercicios formulados en los talleres, evitando y estando conscientes de las mentiras del éxito y las excusas que las limitan.

- Ejercitar y activar a diario la consciencia, la confianza, la responsabilidad, la voluntad, la disciplina y la ecología, las cuales deben predominar en el líder social.

- Confrontar y minimizar las actitudes que limitan el sentido de pertenencia, como la queja, la crítica, la envidia, el egoísmo, la ingratitud, el pesimismo y la flojera, las cuales minimizan el accionar de un agente social.

- De modo innegable, entrenar en la disminución de la intolerancia al implementar el lado metafísico, como la fe, el perdón, la generosidad, la gratitud, la humildad y otros aspectos.

A los posteriores investigadores:

- Se promueve la apertura de una línea investigativa que permitirá generar nuevas hipótesis mediante la ampliación de la población estudiada y la ejecución de los respectivos planes de acción. Estos brindarán herramientas útiles a las comunidades organizadas, con la intencionalidad de que puedan aplicarlas en los distintos ámbitos en los que se desenvuelven. Al concluir el proceso de indagación, se debe dar a conocer los alcances de los resultados obtenidos, contribuyendo así al fortalecimiento del trabajo comunitario.

REFLEXIONES

Esta labor social permitió en cada paso aprender la importancia de socializar con los seres humanos que viven a nuestro alrededor, concibiendo que haya muchas escaseces, debilidades y, asimismo, fortalezas y oportunidades en una comunidad, escuela, ambulatorio, entre otros espacios.

Por consiguiente, es de vital importancia consumar este tipo de actividades, debido a que se investiga e indaga, orientado a detectar las diversas necesidades y ejecutar intervención preventiva pertinente al caso. De igual forma, lo adosa a una más de las características positivas: la empatía, la generosidad, la sensibilidad, entre otras cualidades. Dicho esto, lo relevante es ese sentimiento de plenitud, la satisfacción de llevar a cabo algo por alguien, por compartir lo poco o lo mucho y el sentirse bien contigo mismo.

Por añadidura, tanto el estudiante de psicología como todos aquellos agentes de cambio comprometidos con la resolución de problemas y dificultades deben asumir el desafío de transformar su realidad. Para ello, es fundamental que actúen con una conducta altruista, lo cual les permitirá experimentar una sensación de bienestar, una motivación orientada al logro y una profunda comprensión humana. Estas cualidades incumben a acompañarlos en todo momento y en los distintos ámbitos en los que se desempeñen.

GLOSARIO

Agente de cambio: Es aquel que es apto con el espíritu de desenvolver acciones y actitudes en los demás que interactúan entre sí, de un modo continuo, en diversos espacios o aspectos de la estructura organizativa para suscitar la optimización de esta.

Altruismo: Es el apoyo que se proporciona a las demás de carácter desinteresado, voluntario e intencional. Sin demandar nada a cambio.

Concientización: Es la acción y efecto de que se adquiera conciencia referida de un problema, circunstancia, hecho o fenómeno que se considere significativo.

Evaluación psicológica: Se centra en la descripción, codificación, pronóstico y explicación del comportamiento de un individuo o de un grupo determinado, mediante la aplicación de métodos científicos. Este proceso implica el uso de diversas metodologías, entre las que se incluyen técnicas psicométricas y las proyectivas, la observación sistemática, la entrevista clínica y otros procedimientos pertinentes. Su finalidad abarca el diagnóstico, la orientación, la intervención y el tratamiento psicológico.

Humanista: Es apreciar al ser humano y su condición. En especial, está afín con la generosidad, la misericordia y la preocupación por la valoración de las particularidades, atributos, circunstancias y las relaciones con los demás.

Interdisciplinariedad: En donde se constituye, sin disgregarse, en una organización en conexión con profesionales de distintas disciplinas. En presunción, es una miscelánea de posturas de múltiples ciencias sobre el mismo centro de estudio, que se interrelacionan de diversos modos.

Intervención comunitaria: Es el cúmulo de acciones que se darán por intermedio de la planificación, destinado a generar el progreso de una comunidad con la ayuda de la cooperación activa para facilitar la modificación o transformación, con el cometido de apoyarla como agente transformador de su propia realidad.

Intervención psicológica: Es un procedimiento a través del cual el profesional, allí donde se presenta un conjunto de problemas concernientes a la conducta humana, evalúa, diagnostica, entrena y considera las secuelas inmediatas del adiestramiento o del tratamiento.

La Aguada: Una naciente de agua.

Liderazgo: Es la disposición de emplear conscientemente los recursos con la finalidad de obtener beneficios sólidos y gratos, sin ocasionar daño en su ejecución. Es el mediar, motivar, organizar y gestionar con el propósito de conseguir sus fines y objetivos que involucren al grupo.

Motivación: Es el de creer en uno mismo, que el ser humano cuenta con las capacidades, habilidades y recursos precisos con el fin de afrontar favorablemente los desafíos de la existencia.

Plan de acción: Es una página de guía que esboza la planificación de una organización para facilitar e intervenir asuntos, con la intención de ayudar a alcanzar las metas, cometer los objetivos y obtener resultados.

Plan de intervención: Es un instrumento que permitirá llevar a efecto una proyección o rumbo que se debe seguir durante el tiempo de mediación que se dará, bien sea individual, familiar o comunitaria. Más aún, el mismo posee objetivos que se han de efectuar en el transcurso de este.

Psicología comunitaria: Es una rama de la ciencia psicológica que tiene como meta el estudio de los diferentes aspectos psicosociales que apoya en guiar, impulsar y, específicamente, en resolver inconvenientes, en lograr modificación en esos ámbitos y en mejorar los recursos.

Psicología del éxito: Es una guía que lleva a reflexionar sobre la vida diaria, orientando a un efectivo crecimiento al analizar y proceder de forma asertiva y efectiva, obteniendo tanto un bienestar emocional como social.

Rol del psicólogo comunitario: Es un agente de cambio adosado a la localización de capacidades, habilidades, destrezas, de potencialidades y demás, ayudando al fortalecer la concientización y la democratización al implementar en acción estas y al giro en la manera de interpretar, establecer e impactar sobre la existencia de una colectividad.

Sentido de pertenencia: Es la complacencia que posee un ser humano al considerarse como parte de un grupo. Es una conducta activa del sujeto que se prepara para proteger y apoyar a su equipo y expresar su afecto a la comunidad de modo público.

Tolerancia: Se trata de la actuación y la secuela de soportar. Es una valía que involucra el respeto moral hacia los demás y a sus opiniones, obras o creencias, aparte de que tropiecen o sean distintos de nosotros.

Transformación comunitaria: Esta se da mediante la aplicación de diversas estrategias y planes de intervención en múltiples ámbitos. De allí que implique lo social con una conducta altruista para lograr transformarlo.

REFERENCIAS

Arias, F. (2006). *"El Proyecto de Investigación"* (5.ª ed.). Caracas: Episteme.

Baron, R. A. y Byrne, D. (2005). *Psicología Social.* (10.ª ed.). Caracas: Pearson Prentice Hall.

Cabiria, T. (2012). El "Focus group": nuevo potencial de aplicación en el estudio de la acústica urbana Athenea. Digital. *ISSN: 1578-8946* [Revista en línea]. Disponible: https://www.redalyc.org/pdf/537/53723279006.pdf

Código de Ética Profesional del Psicólogo (1981). II Asamblea Nacional Ordinaria de la Federación de Psicólogos de Venezuela, Barquisimeto, Lara, marzo 28 y 29.

Coles, R. (1997). *La inteligencia moral del niño y del adolescente.* Madrid: Kairós.

Consejo General de Colegios Oficiales de Psicólogos (2013). Área de Psicología de la Intervención Social. Roles y Funciones del Psicólogo en Intervención Social. Consejo General de la Psicología: Madrid.

Constitución de la República Bolivariana de Venezuela (2000). *Gaceta Oficial de la República de Venezuela*, 5.453 (Extraordinario), marzo 24.

Decreto Nro. 2.323 *Gaceta Oficial de la República de Venezuela*, 6.227 (Extraordinario), mayo 13, 2016.

Gómez, M. de J. (2007). *Manual de Técnicas y Dinámicas*. México: ECOSUR-UJAT.

González, F. (2007*). Instrumento de Evaluación Psicológica*. Cuba: Ciencias Médicas.

IBM. (2013). *SPSS 20.0* Statistical Package for the Social Sciences o Paquete Estadístico para las Ciencias Sociales (SPSS®).

Lapalma, A. I. (2001). El Escenario de la Intervención Comunitaria. *ISSN: 0719-0581,* Revista de Psicología de la Universidad de Chile. Vol. X. N.º 2. Pág. (61-70).

Ley Orgánica de los Consejos Comunales (2009). *Gaceta Oficial de la República Bolivariana de Venezuela. N.º 39.335.* Diciembre 28.

Mendoza, C., J. (2012*). Manual Psicología Comunitaria y Programas de Prevención.* Ciclo VIII Sem.

2012-II. Perú: Centro de Reproducción de documentos de la USMP.

Montero, M. (2004). *Introducción a la psicología comunitaria.* Desarrollo, conceptos y procesos. Argentina: Paidós.

Morga, R., L. E. (2012). *Teoría y Técnica de la Entrevista.* México: RED TERCER MILENIO S.C.

Mori, S., M del P. (2007). *Manual del curso Psicología Comunitaria y Programas de Prevención.* Lima, Perú: Centro de Reproducción de Documentos de la USMP.

Mori, S., M del P. (2008). Una propuesta metodológica para intervención comunitaria. *ISSN: 1729-4827* [Revista en línea]. Disponible: http://www.scielo.org.pe/pdf/liber/v14n14/a10v14n14.pdf .

Ponce, T., H. (2007). La matriz FODA: alternativa de diagnóstico y determinación de estrategias de intervención en diversas organizaciones. *ISSN: 0185-1594* [Revista en línea]. Disponible: https://www.redalyc.org/pdf/292/29212108.pdf

Sepúlveda, N., R. (2004). Informe Diagnóstico y de

Intervención Comunidad Cacique José Guiñón Ercilla. [Documento en línea]. Disponible: http://mapuche.free.fr/dossierPPM/informearauca nianorte.pdf

Valverde, M. A. (2017). *ENCUESTA*. Informe de Intervención Comunitaria. Facultad de Humanidades. Licenciatura en Psicología, Universidad Yacambú: [s. n.] Autor.

Yagosesky, R. (2000). *La Psicología del Éxito*. Venezuela: GANESHA.

ANEXOS

Anexo A

Mapeo de la comunidad de La Aguada

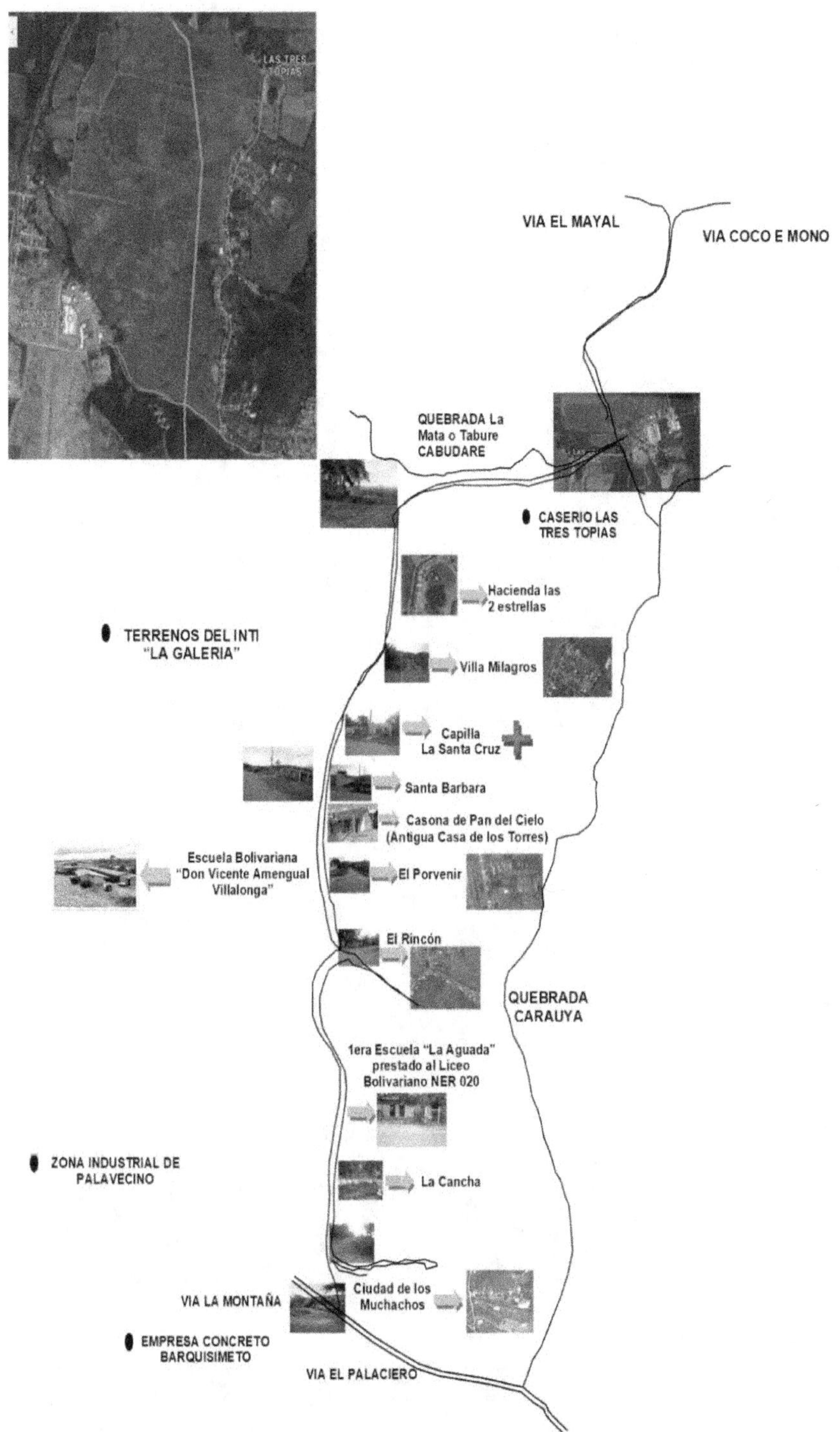

LAS TRES TOPIAS
VIA EL MAYAL
VIA COCO E MONO
QUEBRADA La Mata o Tabure CABUDARE
CASERIO LAS TRES TOPIAS
Hacienda las 2 estrellas
TERRENOS DEL INTI "LA GALERIA"
Villa Milagros
Capilla La Santa Cruz
Santa Barbara
Casona de Pan del Cielo (Antigua Casa de los Torres)
Escuela Bolivariana "Don Vicente Amengual Villalonga"
El Porvenir
El Rincón
QUEBRADA CARAUYA
1era Escuela "La Aguada" prestado al Liceo Bolivariano NER 020
ZONA INDUSTRIAL DE PALAVECINO
La Cancha
VIA LA MONTAÑA
Ciudad de los Muchachos
EMPRESA CONCRETO BARQUISIMETO
VIA EL PALACIERO

Anexo B

Encuesta

UNIVERSIDAD YACAMBÙ
FACULTAD DE HUMANIDADES
LICENCIATURA EN PSICOLOGÍA

ENCUESTA CONFIDENCIAL
(Instrumento adaptado a la comunidad)
LA AGUADA

Comité Local de Abastecimiento y Producción (CLAP)

DATOS PERSONALES Y GEOGRÁFICOS:

Nombre y Apellido:

Edad:

Sexo: F _______ M _______

Lugar de Nacimiento:

Estado Civil: Casado (a) ___ Soltero (a) ___ Divorciado (a)
___ Viudo (a) ___ Unión Libre ___

Religión:

Zona de Residencia: ________________________________

¿Tiene usted hijos? Sí _______ No _______ En caso de responder,
Sí, ¿cuántos? _______

Nivel de Instrucción:

Primaria _______ Bachiller_______ Universitaria_______

Ocupación laboral: ________________________________

DATOS DE LA COMUNIDAD:

Instrucciones: A continuación, se le presenta una lista de preguntas. Marque con una (x) la opción que usted crea correcta (solo deberá elegir una):

¿Cuáles de los siguientes servicios cuenta la comunidad?

- Agua potable (_)
- Servicio eléctrico (_)
- Transporte público (_)
- Servicio de gas (_)
- Teléfonos públicos (_)

- Servicio de aseo rural (_)
- Cancha (_)
- Módulo Policial (_)
- Cloacas (_)
- Casa de Consejo Comunal (_)
- Barrio Adentro (_)
- Internet (_)

¿Cómo percibe la calidad de los servicios dentro de la comunidad?

Buena (_) Regular (_) Deficiente (_) No existe (_)

DATOS DEL CLAP LA AGUADA:

Instrucciones: acto continuo, se le presentan una serie de interrogantes. Coloque una (x) en la opción que usted crea correcta (solo deberá elegir una):

¿Cuál de las siguientes problemáticas ocurre con mayor frecuencia dentro del CLAP La Aguada?

- Falta de liderazgo (_)
- Falta de sentido de pertenencia (_)
- Falta de comunicación (_)
- Falta de motivación (_)
- Intolerancia (_)

¿Qué actividades le gustaría que fueran ofrecidas al CLAP?

Folletos (_) Talleres (_) Carteleras informativas (_) Trípticos (_) Todas las anteriores (_)

¡Agradecida por su apoyo y colaboración!

Anexo C

Cuadro con los datos de cada participante

Nro.	Nombre y Apellido	Edad	Sexo	Lugar de Nacimiento	Estado Civil	Religión	Residencia	Hijos	Nivel de Instrucción	Ocupación	Servicio cuenta la comunidad	Calidad de los servicios	Problemas	Actividades
Gráfico Sujetos	1	2	3	4	5	6	7	8	9	10	11	12	13	14
1	A. A	36	F	Barquisimeto - Lara	C	Católico	La Aguada	3	Universitaria	Secretaria	Serv. Eléctrico; cancha; Transporte Público; Barrio Adentro I; Servicio de gas y Aseo Rural	Regular	Falta de liderazgo; Falta de sentido de pertenencia; Falta de comunicación; falta de motivación e Intolerancia	Talleres
2	B.B	41	F	Cabudare - Lara	U.L.	Católico	La Aguada	2	Bachiller	Obrera Educacional	Serv. Eléctrico; cancha; Transporte Público; Barrio Adentro I; Servicio de gas y Aseo Rural	Regular	Falta de motivación	Todas las anteriores
3	C.C	48	F	Barquisimeto - Lara	S	Cristiana	La Aguada	3	Bachiller	Obrera Educacional	Cancha; Transporte Público	Deficiente	Falta de sentido de pertenencia	Talleres
4	D.D	43	F	Cabudare - Lara	C	Católico	La Aguada	5	Bachiller	Obrera Educacional	Serv. Eléctrico; cancha; Transporte Público; Barrio Adentro I; Servicio de gas y Aseo Rural	Regular	Falta de motivación	Todas las anteriores
5	E.E	47	F	Barquisimeto - Lara	C	Cristiana	La Aguada	3	Bachiller	Obrera Educacional	Serv. Eléctrico; cancha; Transporte Público; Barrio Adentro I; Servicio de gas y Aseo Rural	Deficiente	Intolerancia	Talleres
6	F.F	42	F	Barquisimeto - Lara	C	Católico	La Aguada	2	Universitaria	Obrera Educacional	Cancha	Deficiente	Falta de motivación	Talleres
7	G.G	40	F	El Mayal - Lara	C	Cristiana	La Aguada	2	Bachiller	Obrera Educacional	Serv. Eléctrico; cancha; Transporte Público; Servicio de gas y Aseo Rural	Deficiente	Falta de Comunicación	Todas las anteriores
8	H. H	48	F	Barquisimeto - Lara	S	Católico	La Aguada	0	Universitaria	Secretaria	Serv. Eléctrico; cancha; Transporte Público; Barrio Adentro I; Servicio de gas y Aseo Rural	Deficiente	Falta de liderazgo; Falta de sentido de pertenencia; Falta de comunicación; falta de motivación e Intolerancia	Talleres
9	I.I	35	F	Cabudare - Lara	S	Católico	La Aguada	2	Bachiller	Cocinera	Serv. Eléctrico; cancha; Transporte Público; Barrio Adentro I; Servicio de gas y Aseo Rural	Regular	Falta de Comunicación	Talleres
10	J.J	24	F	Barquisimeto - Lara	S	Católico	La Aguada	0	Bachiller	Estudiante	Serv. Eléctrico; cancha; Transporte Público; Barrio Adentro I; Servicio de gas y Aseo Rural	Regular	Falta de Motivación	Todas las anteriores

Anexo D

Breve presentación del taller 1:

El Liderazgo

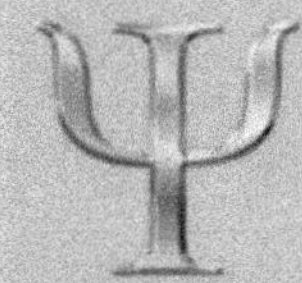

UNIVERSIDAD "YACAMBÚ"
FACULTAD DE HUMANIDADES
LICENCIATURA EN PSICOLOGÍA
"Aprender Haciendo"

"LA PSICOLOGIA DEL ÉXITO"
de Renny Yagosesky

PONENTE: LUCRECIA URANGA

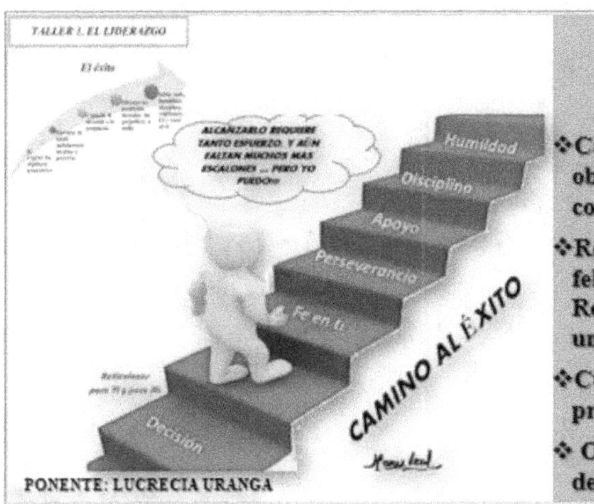

TALLER 1. EL LIDERAZGO
El éxito
ALCÁNZARLO REQUIERE TANTO ESFUERZO, Y AÚN FALTAN MUCHOS MAS ESCALONES ... PERO YO PUEDO!!!
Humildad
Disciplina
Apoyo
Perseverancia
Fe en ti
Decisión
CAMINO AL ÉXITO
PONENTE: LUCRECIA URANGA

¿QUÉ ES EL ÉXITO?
Capacidad de lograr objetivos de manera consciente y estable.
Resultado conveniente y feliz de una actuación. Realización satisfactoria de un proyecto o acción
Cumplimiento de lo propuesto o deseado.
Obtención de resultados deseados, sin causar daños.

TALLER 1. EL LIDERAZGO
El éxito
COMPONENTES DEL ÉXITO
Logros estables
Logros conscientes
ÉXITO
Ausencia de daño
Disfrute de logro
PONENTE: LUCRECIA URANGA

TIPOS DE ÉXITO

Parcial

Integral

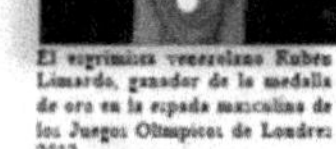

Público

Individual

Grupal

Triunfo

El esgrimista venezolano Rubén Limardo, ganador de la medalla de oro en la espada masculina de los Juegos Olímpicos de Londres 2012.

Espiritual

Esperado

El éxito

LAS MENTIRAS DEL ÉXITO

Creencias Más comunes:

El éxito es para los jóvenes

El éxito es para los ricos

El éxito es muy difícil

El éxito es para los que tiene talentos especiales

El éxito es para los hombres

El éxito es no es duradero

El éxito es para los que tienen títulos profesionales

El éxito es tarda mucho en conseguirse

El éxito es no es para gente como yo

LAS MENTIRAS DEL ÉXITO

NO SÉ:
Forma de manipulación. Evitar presiones o no se culpe.

NO TENGO:
Mensaje: "ténganme lástima", "denme porque necesito" y "no soy capaz por mí mismo"

NO DEBO:
Se lo dice o se dice a otros como excusa.

NO PUEDO:
Excusa oculta: "Ayúdenme". Sentimiento de inferioridad, impotencia.

LA MALA SUERTE:
Proceso que surgen resultados que se considera negativos, limitadores o ingratos.

EL KARMA: "Ley de Causa y Efecto"
Lo que se logra u obtenido como resultados de las acciones y méritos. Usar el Karma como excusa para no actuar, sentirse fracasado y olvidado de Dios es una manera de decir que no podemos cambiar...

EL DESTINO:
¿el que llega tarde a su casa, derrocha el dinero que gana, y maltrata? O ¿El que convive con amor, ahorra y estudia mientras trabaja?

¿Pueden ser iguales ambos destinos?

LA SITUACIÓN SOCIAL:
Deshumanización, competitividad, inseguridad, otros males. Aun así, existen otras condiciones más agraciadas de vivir.

LA HISTORIA FAMILIAR:
En casa todos lo que mueren lo hacen de cáncer. Si no pudo mi papá que es más inteligente, menos podré yo. Se va transmitiendo de generación a generación.

El éxito

¿QUERER ES PODER?

El éxito es un estado resultante de varios agentes implementados o aplicados de modo simultáneo o combinado. Por eso, entre otras ideas:

- Es más fácil lograr lo que coincide con los talentos naturales.
- Es más fácil lograr lo que se relaciona con aquello que le gusta.
- No siempre querer es poder.
- No todo es posible en todo momento.
- Lo que uno logra, no siempre lo puede lograr otro
- Algunos objetivos son más accesibles para unos que para otros.
- Existen objetivos que no convienen o no necesitan perseguir.
- Hay momentos y acciones favorables para lograr ciertos objetivos.
- Lo que motiva a unos no necesariamente motiva a otros.

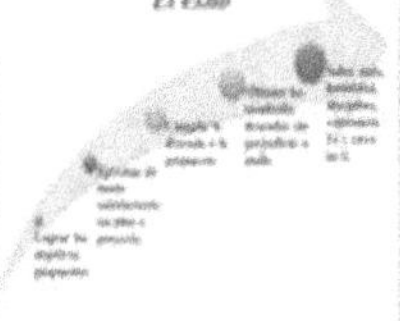

"*No es necesario empeñarse en lograrlo todo. Basta con hacer de la mejor manera posible, aquello que nos toque hacer por ley de vida.*"
Renny Yagosesky

Anexo E

Concisa presentación del taller 2: Sentido de Pertenencia

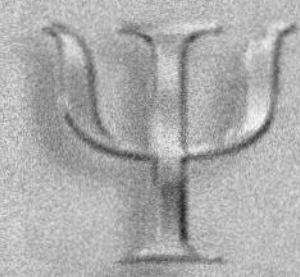

LA QUEJA

Consecuencias del hábito de quejarse, son:

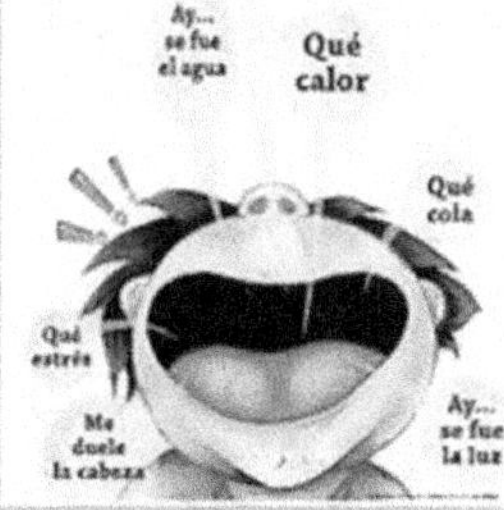

- Genera frustración
- Atrae gente de mentalidad negativa
- Perder de vista las soluciones
- Afecta la autoimagen
- Hace que la energía trabaje contra nosotros.
- Refuerza actitudes infantiles
- Permite que los problemas nos controlen.
- Reduce nuestra eficacia en la vida diaria.
- El efecto que nuestra quejadera…

LA CRÍTICA

- Comportamiento que perjudica el camino al éxito.
- Es desagradables cuando criticamos personas ausentes.
- Así como habla de esta persona, nada le impedirá hablar de mí de esa forma.
- Revela nuestra impotencia ante una situación, es un mecanismo que usamos.

LA ENVIDIA

Que es lo que las persona más envidia:	Para evitar ser envidiado se recomienda:
El talento, la juventud, el dinero, la salud, entre otros	Prudente y discreto al contar planes o los logros.
	Nunca le restregué sus éxitos a un envidioso o lo lamentará
	Para evitar envidiar, concéntrese en todo lo valioso que es, en Dios.
	A veces las situaciones parecen injustas, pero en realidad no lo son.

EL EGOÍSMO

Tendencias más perjudiciales que hay → Falsa sobrestimación de la propia personalidad → Subestima intereses, deseos y necesidades de quienes nos rodean. → Atenta contra el éxito, atrae conflictos → Se cree, autosuficiente, no comprende los cambios de la vida → La avaricia y la codicia son hermanas del egoísmo, terminan aislado y enfermo.

LA INGRATITUD

EL PESIMISMO

Recordar que atraemos aquello en lo que pensamos con intensidad y frecuencia

Ninguna persona puede permitirse pensamientos, creencias o comentarios pesimistas.

Para Sai Baba: "piensa lo bueno, espera lo bueno, haz lo bueno"…"Que así sea"

LA FLOJERA

Flojera, pereza, apatía, son términos para evitar los esfuerzos que se requieren para avanzar y superar

Personas que se queja de su vida, que se llenan de excusas y se sientan a esperar que "algo pase"

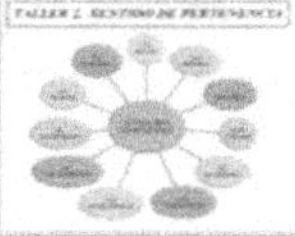

SENTIDO DE PERTENENCIA

¿Qué es?

La satisfacción de sentirse parte de un grupo, una sociedad o de una compañía. Tiene su origen en la familia que es el primer grupo al que todos pertenecemos.

La persona que está dispuesto a defender y apoyar su grupo y a manifestar su adhesión a la comunidad de manera pública. Además, le aporta autoestima positiva, seguridad y motivación.

"Los hombres buenos son objetos de la calumnia de los mezquinos. son blanco de la maldad, la envidia, los celos, la calumnia y el abuso de los malvados".

SATHYA SAI BABA

Anexo F

Sucinta presentación del taller 3: La Motivación

UNIVERSIDAD "YACAMBÚ"
MODALIDAD DE ESTUDIOS A DISTANCIA
FACULTAD DE HUMANIDADES
LICENCIATURA EN PSICOLOGÍA

"LA PSICOLOGIA DEL ÉXITO"
de Renny Yagosesky

PONENTE: LUCRECIA URANGA

Lo es todo. Venimos al mundo aprender, a descubrir lo que somos, a evolucionar a través de "darnos cuenta".

Estar consciente significa hacer contacto con lo que sentimos a cada momento.

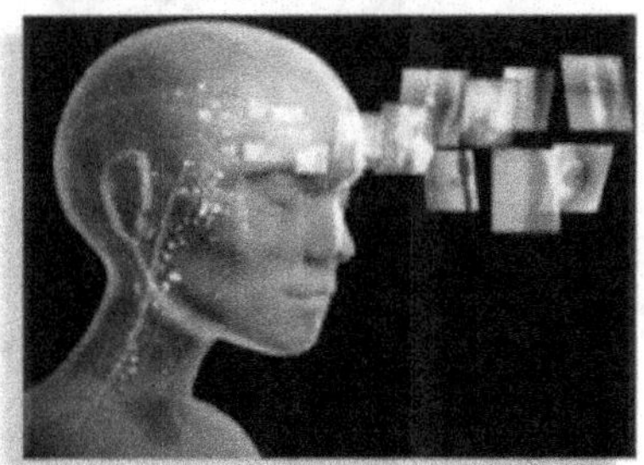

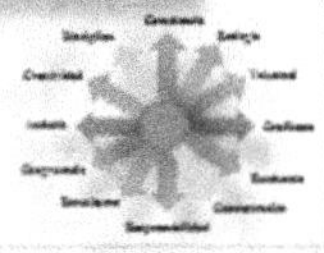

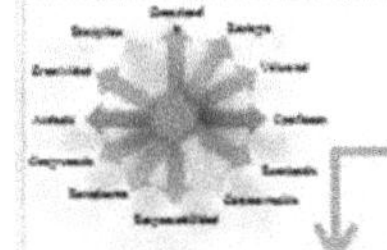

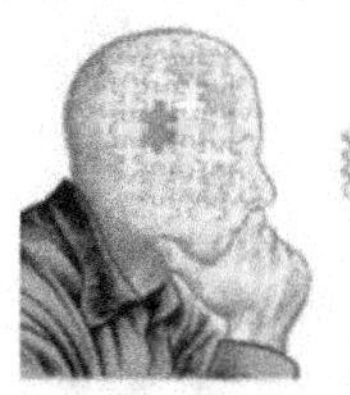

LA CONFIANZA
LA CONFIANZA EN SÍ MISMO ES EL PRIMER PASO PARA EL ÉXITO
Es el mejor aliado del éxito. Tener confianza en uno mismo es creer que contamos con las capacidades y recursos necesarios para enfrentar satisfactoriamente los retos de la vida

LA CONFIANZA
Autoconfianza es el combustible del optimismo
Actué como si no pudiera fallar
Piense que es posible alcanzar los sueños.

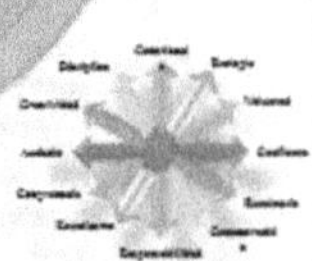
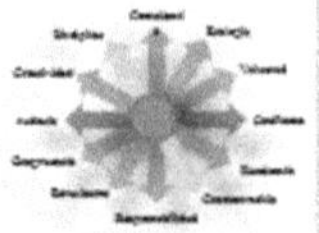

LA RESPONSABILIDAD
SER RESPONSABLE DE LA TOTALIDAD DE LA VIDA
"DECIDAN POR MI"
"VIVAN POR MI"
" NO TENGO PODER"
ES LA HABILIDAD PARA RESPONDER, CAPACIDAD PARA ACEPTAR COMPROMISOS Y CUMPLIRLOS.

LA RESPONSABILIDAD

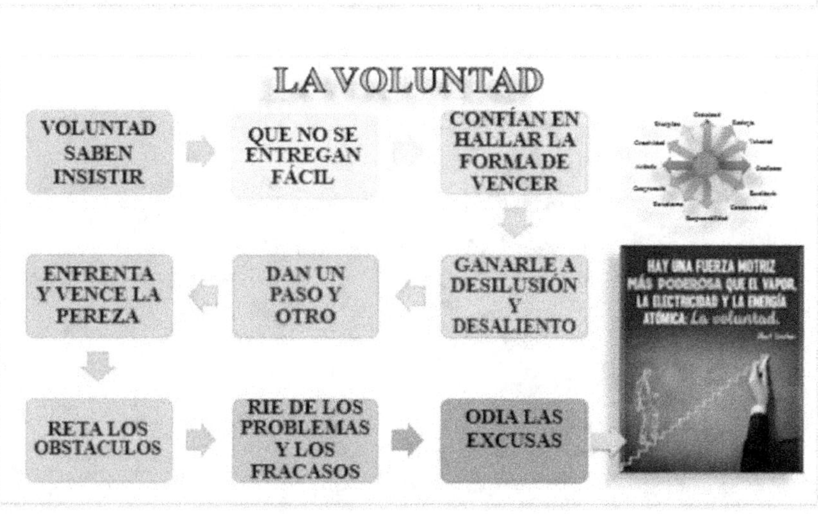

LA VOLUNTAD

LA DISCIPLINA

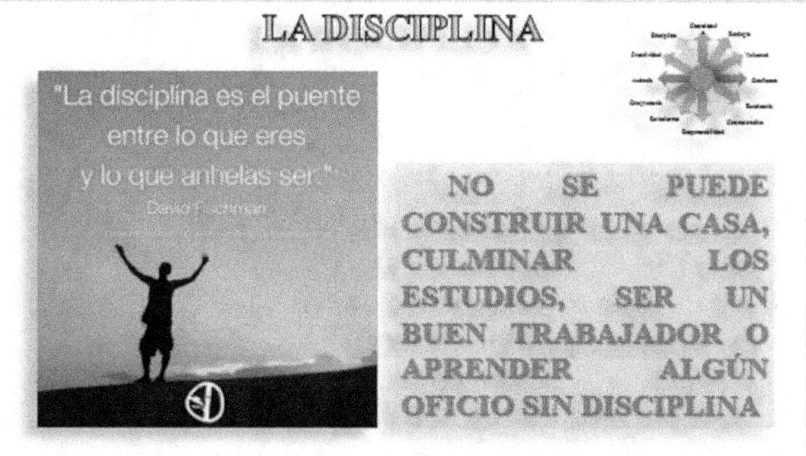

LA ECOLOGÍA

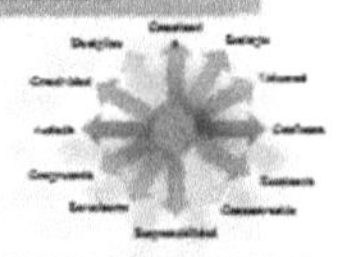

LA ECOLOGÍA

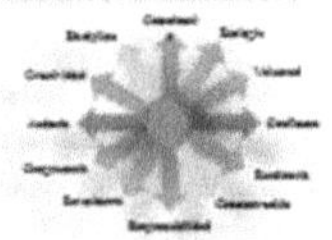

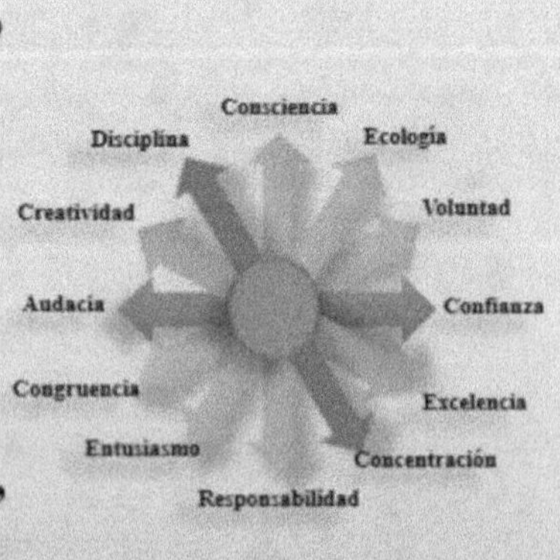

Anexo G

Corta Presentación del Taller 4: La Intolerancia

UNIVERSIDAD "YACAMBÚ"
FACULTAD DE HUMANIDADES
LICENCIATURA EN PSICOLOGÍA

"Aprender Haciendo"

"LA PSICOLOGIA DEL ÉXITO"
de Renny Yagosesky

PONENTE: LUCRECIA URANGA

*La fe es un poder trascendente que no es racional ni irracional.
*La fe puede sanar enfermedades, encontrarnos trabajo, mejorar nuestro estudio, entre otros.
*La fe es la capacidad de confiar en la obtención de un resultado que desafía la lógica y la tradición.

TALLER 1. LA INTOLERANCIA
LA FE
La fe
ve lo invisible,
cree lo increíble
y recibe lo
imposible...

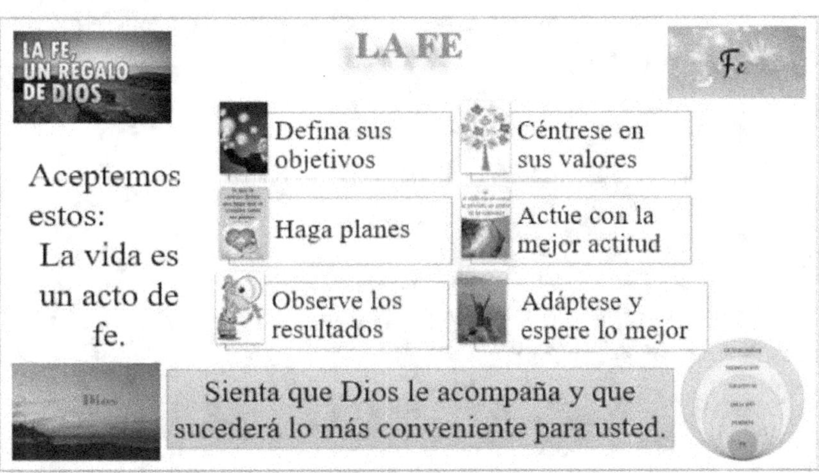

LA FE, UN REGALO DE DIOS
LA FE
Fe
Aceptemos estos:
La vida es un acto de fe.
Defina sus objetivos
Céntrese en sus valores
Haga planes
Actúe con la mejor actitud
Observe los resultados
Adáptese y espere lo mejor
Sienta que Dios le acompaña y que sucederá lo más conveniente para usted.
"Aprender Haciendo"

EL PERDÓN

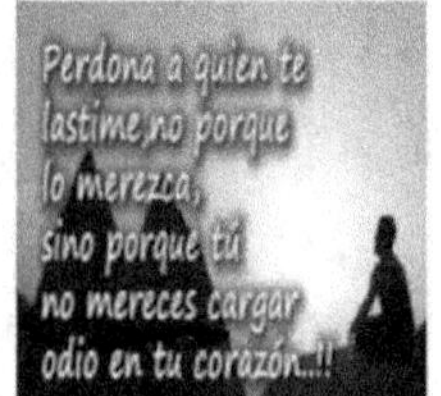

Reflexiones sobre los seres humanos:

No todo lo que pensamos que fue o es negativo, realmente los es.

Todos merecemos una oportunidad.

Hay muchas formas de percibir una situación.

Si perdonas te liberas, si no te enfermas.

Lo que odies controlará tu vida.

Dios es el creador del plan. Nosotros sólo lo actuamos.

¡No es fácil perdonar, pero abre tu corazón!

LA GENEROSIDAD

PARA DAR HAY QUE ESTAR MOTIVADO:

-Por el hecho, de que hay persona que necesita ayuda.

-Como respuesta a todo lo que nos ha sido dado.

-Como reconocimiento a Dios por haber permitido un cuerpo y una consciencia para vivir y aprender

-Gratitud por los favores recibidos cuando éramos niños indefensos.

-Por el trato que deseamos que se nos dé cuando seamos ancianos dependientes de los demás.

LA GRATITUD

Agradecer es la capacidad de expresar aprecio por lo que se tiene o por lo que se ha recibido. Es una muestra de humildad y nobleza. Cuando agradecemos, reafirmamos nuestro sentido de merecimiento, enfocamos la consciencia en lo que verdad deseamos y nos alejamos de la queja y critica, que limitan nuestros objetivos y nuestra felicidad.

LA ORACIÓN

Conduce hacia la integración y planitud. Es un viaje hacia nuestro interior en el que le hablamos a Dios

Podemos orar en cualquier parte, a cualquier hora y, de cualquier forma, siempre que se haga con sinceridad

Puede ser verbal o silenciosa, hablada o cantada, individual o grupal.
Lo importante es el compromiso y la humildad de quien está orando.

El Corán, libro sagrado de los musulmanes, invita a orar dos veces al día para alcanzar la paz de Dios.

Sathya Sai Baba, la oración une estrechamente al hombre con Dios en cada aliento, en cada suspiro, sin importar dónde estemos, pues, todas las oraciones llegan a Dios.

LA MEDITACION

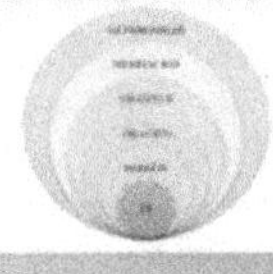

Meditar es una práctica en la cual nos disponemos física y mentalmente para alcanzar, a través de la relajación profunda, un estado de paz interior que permite llegar a controlar y callar la mente. Esta práctica nos lleva relacionarlo con la experiencia de comunión con Dios.

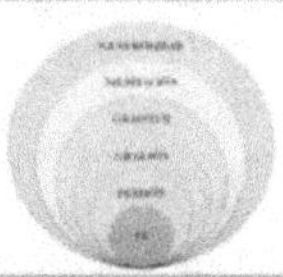

"Intenta avanzar paso a paso, mantente alegre, prepárate y aporta al mundo tu "grano de arena". Llénate de vida, de luz, de amor y luego comparte con todos lo que pueda ese fulgor. Pero recuerda, debes dedicarte primero a tu evolución y no corregir a otros. Ocúpate de ti, luego de tus seres queridos y expande hacia otros lo que hayas aprendido y logrado".
Renny Yagosesky

LA AUTORA

Lucrecia M. Uranga de Peña, 1 de octubre de 1961, nacida en Caracas, Venezuela. Es el primer libro en el ámbito psicológico y con la esperanza de escribir otros. Sí bien, se publicaron las "Competencias investigativas del estudiante de pregrado para  la elaboración del trabajo de grado" en la Revista de Investigación y Postgrado "ADULTUS". Año 1, N.º 01, mayo 2002. Universidad Fermín Toro, la cual se relaciona con el área investigativa desde la perspectiva psicológica. La indagación tocó muy de cerca porque se entornó en la comunidad de La Aguada - Palavecino - Lara, lugar que se laboró y visitó por muchos años. A modo de reiteración, se valió de la asignatura de Intervención Comunitaria, con la intencionalidad de asistirle en un momento álgido que se encuentra viviendo al no tener conformada la estructura del (CLAP), lo que perjudica a los habitantes, al no llegarles los beneficios que les corresponden. Estos contribuyeron con su bagaje emocional, sostén principal del presente estudio, y, de hecho, su determinación que han tenido en la realización del propio, en aras de mejorar y fortalecer su organización.